シリーズ［日本の教育を問いなおす❷］

教育評価を根底から問う

混迷する評価の時代

西村和雄・大森不二雄・倉元直樹・木村拓也 編

東信堂

まえがき

　本書は、現在の教育問題や教育改革の根底にある教育評価の現状と問題点に関する分析・検証の試みである。「何のために、何を評価するのか」という根本問題があやふやなまま、日本のみならず世界の教育は挙げて、評価の時代を迎えている。評価の目的と方法のかい離を放置したまま、評価結果に多くを期待すれば、評価制度はナンセンスなモンスターと化すことになる。誰しも学校教育において子どもの全人的な成長を目指すことに異論はないだろう。しかし、子どもの全人格を評価し、その評価を成績や入試に反映すべきかどうかは、また別の問題である。

　例えば、評価の転換を目指す文部省の方針を受けて、1994年の高校入試から生徒の意欲や活動を内申書に取り入れる県が全国的に増えた。そのこととの直接的な因果関係は不明であるにしても、その前後にあたる、1993年から1996年にかけて中学生の生徒間暴力事件が倍増している。本書では、ゆとり教育の根底にある教育評価の問題点はどういったものか、その教育評価が教育現場にどのような混乱を生み出したのか、発達心理学やテスト理論から見た望ましい評価の在り方とはどういうものか、どのような教育政策が必要かなど、混迷する評価の時代を打破するための評価方法や教育制度等について、各界の専門家の皆様にご執筆頂いた。

　今や、市民一人一人の立場からは、グローバル化する知識社会を生き抜く能力・資質を身に付けない限り、質の高い生活を求めることは困難になりつつある。また、社会や国家の視点からも、そうした人材を育成しない限り、中長期的に経済・社会を活性化する道は開けない。日本の閉塞感を克服するには、学ぶ意欲を高め、国際的に通用する人材を育成する新しい教育の姿を創り出していくことが、差し迫って重要な課題となっている。以上のような明白な課題を前にしながら、また、20年以上の長きにわたり教育改革が謳われてきたにもかかわらず、日本の教育は目に見えて改善に向かっていると

は言えない。ゆとり教育の見直しや大学教育の改善への取組など前向きの変化も見られるが、依然として歪みや改善課題が山積している。こうした状況を打破するための第一歩として、教育評価の目的の明確化とそれに見合った評価方法の開発がますます不可欠となりつつある。

　本シリーズの出版は、日本の将来を憂える多くの人々の支援があって実現したものである。寄せられた論文は、京都大学経済研究所と国際教育学会(International Society for Education)の研究活動が基になっている。この場をお借りして、関係者の皆様に心より御礼を申し上げたい。また、私どもの研究の意義を理解して、出版の機会を与えて下さった東信堂の下田勝司氏に対しても厚く御礼申し上げる。

　2010年8月

西村和雄・大森不二雄・倉元直樹・木村拓也

■シリーズ　日本の教育を問いなおす
　1　拡大する社会格差に挑む教育
　2　混迷する評価の時代──教育評価を根底から問う【本書】
以下続刊

■シリーズ 日本の教育を問いなおす 2
混迷する評価の時代――教育評価を根底から問う／大目次

まえがき ……………………西村和雄・大森不二雄・倉元直樹・木村拓也… i

1章　新学力観と観点別評価 ………………………………西村　和雄… 3
　　　――いかにして導入されたか

2章　発達心理学から見た望ましいカリキュラムと
　　　教育評価 ………………………………………………子安　増生… 37

3章　教員評価制度によって「現場は
　　　混乱している」のか？……………………………………諸田　裕子… 61
　　　――教育改革の社会学・試論：教育改革から教育政策へ

4章　新しい学力観に基づく無試験の大学入学
　　　選考制度の興廃 ……………………………………橋本　昭彦… 81
　　　――オレゴン州の経験に学ぶ

5章　大学入学者選抜は高大連携活動をどこまで
　　　評価すべきか？ ……………………………………木村　拓也… 97
　　　――「評価尺度の多元化・複数化」がはらむ大学入学者選抜制度の自己矛盾

6章　外国語としての日本語能力測定を支える
　　　テスト理論……………………………………野口裕之・倉元直樹…119

7章　項目反応理論による英語能力推移に関する
　　　研究の比較 …………………………………………熊谷　龍一… 149

8章　高等教育の質保証の方法論としての
　　　教授システム学 ……………………………………大森不二雄…159
　　　―― IM・ID 理論による大学院教育の実質化と学士課程教育の構築

■シリーズ 日本の教育を問いなおす 2
混迷する評価の時代——教育評価を根底から問う/詳細目次

まえがき……………………西村和雄・大森不二雄・倉元直樹・木村拓也… i

1章　新学力観と観点別評価 …………………………西村　和雄… 3
　　　──いかにして導入されたか
　1節　ゆとり教育　3
　　　　1　中曽根臨教審 (5)　2　課程審答申 (8)
　2節　「評価」を変えた新学力観　11
　　　　1　指導要録が絶対評価に (11)　2　業者テストの禁止 (16)　3　中教審の答申と「生きる力」(17)　4　中教審の第2次答申 (20)　5　第2次答申を受けて作成された指導要領 (22)　6　総合学習の時間の設置 (23)
　3節　進行する内申書重視　25
　　　　1　特別活動を内申点に (28)　2　内申書も絶対評価に (32)　3　次期指導要領決まる (35)
　文献 (36)

2章　発達心理学から見た望ましいカリキュラムと
　　　教育評価 ………………………………………子安　増生… 37
　1節　はじめに　37
　2節　わが国の教育の現状についての評価　38
　3節　発達心理学からカリキュラムと評価を考える　48
　4節　おわりに　57
　文献 (58)

3章　教員評価制度によって「現場は
　　　混乱している」のか？ ………………………諸田　裕子… 61
　　　──教育改革の社会学・試論：教育改革から教育政策へ
　1節　はじめに──「現場」は本当に混乱しているのか？　61
　2節　教員評価制度改革をめぐる認識──質問紙調査結果を読み解く　62

　　　　1　教員評価制度の是非をめぐって・その1──全国的な動向 (63)
　　　　2　教員評価制度の是非をめぐって・その2──改革実施中の地域・Y県における教員調査より (66)
　3節　「教育改革」から「教育政策」へ──資源配分として考える　71
　4節　むすびにかえて──再チャレンジ可能な社会の条件：「失敗」を共有するということ　75
注 (77)
文献 (79)

4章　新しい学力観に基づく無試験の大学入学選考制度の興廃 …………………………… 橋本　昭彦… 81
　　　──オレゴン州の経験に学ぶ

　1節　はじめに　81
　2節　高校教育にかかわる2系統のスタンダードとPASSの概略　82
　3節　選抜装置としての失敗とその要因　84
　　　　1　運営面の困難 (84)　2　州政府・大学側の施策後退 (85)
　4節　教育装置としての成果　88
　　　　1　州教育省高官のある「総括」(88)　2　PASSの開発過程における高大連携事例 (89)　3　PASSの試行・実施過程における高大連携──オレゴン州立大学の事例 (89)　4　PASSを中心とした授業作り──ビーバートン学区の事例 (90)
　5節　おわりに──PASSによる次代への教訓と示唆　92
注 (93)
文献 (94)

5章　大学入学者選抜は高大連携活動をどこまで評価すべきか？ ……………………… 木村　拓也… 97
　　　──「評価尺度の多元化・複数化」がはらむ大学入学者選抜制度の自己矛盾

　1節　問題の所在──大学入学者選抜の多様化政策とその帰結　97
　2節　大学入学者選抜の多様化政策における「理想」と「現実」　98
　3節　「評価基準の多元化・複数化」と選抜の公平性の相克　106
　4節　結語　114
注 (117)

文献 (118)

6章　外国語としての日本語能力測定を支える
　　　テスト理論 …………………………………野口裕之・倉元直樹…119

1節　はじめに　119
2節　日本語に関する代表的な公的試験　120
　　　1　日本語能力試験 (120)　2　BJT ビジネス日本語能力テスト (122)　3　日本留学試験 (123)
3節　テスト理論の基礎　123
　　　1　テスト理論の必要性 (123)　2　テスト理論の分類 (124)　3　正答数得点の問題点 (125)　4　共通尺度の必要性 (126)　5　特性尺度値による表現 (127)
4節　項目応答理論　129
　　　1　項目応答理論の利点 (129)　2　項目応答理論の成立と発展 (130)　3　項目応答理論のモデル (130)　4　特性尺度値の推定 (134)　5　項目パラメタの推定 (136)　6　テストの測定精度 (137)　7　等化 (138)　8　特異項目機能 (139)　9　項目応答理論の限界 (141)
5節　日本語能力の測定に関する諸問題　142
　　　1　項目応答理論を用いた日本語 Can-do-statements の DIF 分析 (142)　2　パフォーマンステストにおける真正性とその方法論的問題 (143)　3　パフォーマンステストにおける包括的評価と分析的評価 (144)　4　解釈基準 (145)　5　日本語能力測定の今後の展開 (146)

文献 (147)

7章　項目反応理論による英語能力推移に関する
　　　研究の比較 …………………………………………熊谷　龍一…149

1節　はじめに　149
2節　各研究の概要　150
　　　1　斉田 (2003) の研究 (150)　2　吉村他 (2005) の研究 (150)　3　熊谷他 (2007) の研究 (151)
3節　各研究の結果比較および考察　151
　　　1　斉田 (2003) の結果 (151)　2　吉村他 (2005) の結果 (152)　3　熊谷他 (2007) の結果 (153)　4　結果の比較 (154)

4節　最後に　157

文献 (158)

8章　高等教育の質保証の方法論としての
　　　教授システム学 ……………………………………大森不二雄…159
　　　── IM・ID 理論による大学院教育の実質化と学士課程教育の構築

　1節　高等教育の評価と質保証をめぐるファンダメンタルな課題
　　　160
　　　　1　目的も対象もあいまいな評価の時代 (160)　2　何のために評価を行うのか (評価目的) (161)　3　何を評価するのか (評価対象) (162)

　2節　IM・ID 理論による高等教育の質保証　165
　　　　1　「形式」の前に「内容」に焦点を当てる質保証アプローチ (165)　2　戦略経営と質保証の統合 (166)　3　インストラクショナル・マネジメント (IM) とは何か (167)　4　インストラクショナル・デザイン (ID) とは何か (168)

　3節　大学院教育の実質化の取り組みを通じた IM の形成と ID
　　　との出会い　170
　　　　1　教育の目標・プロセス・成果を統合する教育プログラム論 (171)　2　インストラクショナル・デザイン (ID) との出会い (172)　3　ID と IM の関係 (174)　4　教授システム学と大学院教育の実質化 (174)

　4節　学士課程教育の構築と教授システム学　176
　　　　1　中教審答申「学士課程教育の構築に向けて」のシステム的アプローチ (176)　2　教授システム学の視点から見た学士課程教育に関する課題 (178)　3　IM による学士課程教育の構築 (181)　4　学士課程教育の構築のための組織体制について (184)

　5節　おわりに　185

文献 (185)

■シリーズ 日本の教育を問いなおす 2

混迷する評価の時代
──教育評価を根底から問う

1章　新学力観と観点別評価
——いかにして導入されたか

西村　和雄

1節　ゆとり教育

　ゆとり教育は、1977年、1989年、1998年と3回に渡る指導要領で進められてきた。1977年は、授業時間を削減した「ゆとりのカリキュラム」、1989年は知識よりも意欲と関心を重視する「新学力観」、1998年は3割削減と体験重視の「生きる力」を育むことを主眼とした指導要領が告知された。

　1回目のゆとり教育、すなわち、1977年に改訂され、小学校で1980年、中学校で1981年から実施された指導要領では、その前の指導要領に比べて、年間の授業時間数が小学校の国語、社会、算数、理科で282時間、中学校の国語、社会、数学、理科で245時間減少した。中学の国語は、全ての学年で週5時間だったのが、2年生、3年生が週4時間に減った。数学、社会、理科は、全学年で週4時間であった授業時間が、1年生の数学、3年生の社会、1・2年生の理科が週3時間に減少した。代わりに、学校裁量の「ゆとりの時間」が設けられ、自主研究や体力増進などに活用されていた。

　当時、文部省の国立教育研究所の所員であった澤田利夫　現・東京理科大教授が、1981年の中学1年生の授業時間の国際比較をし、それを1991年に発表している(表1-1)。それによると、中学1年生の数学の年間の授業時間は99時間で、米国の146時間、香港の124時間より少なく、

表1-1　中学1年生の数学の授業時間の国際比較

国　名	年間授業時間
日　本	99
イギリス	117
フランス	129
アメリカ	146
香　港	124
イスラエル	133

出典：国立教育研究所紀要119集(1991年) 澤田利夫「数学教育の国際比較」より

OECDの加盟国で100時間を切っているのは日本だけであった。

英語も、週4時間から週3時間になり、英語の定着度が目に見えて落ちてきたのが、この頃である。以下に読売新聞（1986年9月4日）の記事を挙げる。

> 「中学校の英語の授業が、週3時間に減ってから6年目に入っている。知育偏重打破を狙って新設された『ゆとりの時間』と引き換えにされた削減。しかし、相変わらずの受験の重圧のもとで、『とても時間が足りない』という英語教師の悲鳴が聞こえてくる。」

そして、週3時間の英語の授業の問題点として、「忘却度が高い」「基礎基本が定着しない」「教科書の内容がこなせない」などが挙げられている。

1983年には、熊本県人吉市の市民が、

> 「『中学校英語の授業時間増を要求する人吉球磨市民の会』（瀬戸致行会長）を結成、今月下旬、同市文化センターで"決起集会"を催したところ、約1,000人が詰めかけた。『1年生の2学期になってもアルファベットも満足に書けない生徒が出始めた』という現場教師の報告や『これでは塾通いをする都会の子との学力差が開くばかり』と心配する父兄の声が続出、県教委や文部省に対し『週4時間復活』を要求していくことを決議した」（1983年1月31日　日本経済新聞）

ことが報道されている。

高等学校の1978年に告示された指導要領は、1982年から実施され、それまで授業時間割は2年生までは共通で、3年生から理系と文系に分かれていたのが、82年からは2年生から授業がコース別に分かれるようになった。日本経済新聞の編集委員黒羽亮一氏は、

> 「1年共通必修・2、3年選択』という新教育課程ではしょせんはこんなことになるのは初めからわかっていたことである。それなのに、『人間

性ゆたかな』『ゆとりと充実』などと絵そらごとのようなことを言っていた数年前の一部の改正作業関係者と、その太鼓持ちをした教育学者や評論家をうらみがましく思う人も、学校の内外に追い追い増えている」(1982年1月11日 日本経済新聞)

と述べ、さらに、1983年9月5日の日本経済新聞の教育欄で、黒羽氏は、「現状は、『教科教育学栄えて教育滅ぶ』の状況になっているように見えるのだが、いかがなものだろうか」と、批判している。

当時の森喜朗文部大臣は、1984年10月20日に山口市で開かれた日本連合教育会全国大会で、「『ゆとり教育』は、『非常に評判が悪く、失敗だった』」と述べている(1984年10月21日 日本経済新聞)。それにもかかわらず、ゆとり教育が見直されることはなかった。

1　中曽根臨教審

1983年12月10日、当時の中曽根康弘首相は、鹿児島市内のホテルで記者会見し、教育に関する「7つの構想」を発表した。その内容は、

- 6・3・3・4制の改革
- 高校入試制度の改善と偏差値依存の進路指導の是正
- 共通一次試験を含む大学入試制度の改善
- 社会奉仕活動や集団宿泊訓練などを正規の学校教育活動として充実する
- 情操教育、道徳教育を充実し、心身ともに豊かでたくましい青少年の育成を図る
- 国際理解教育の充実、語学教育の改善、大学の国際化を推進する
- 教育の資質向上に努めるとともにすぐれた社会人の教育界への受け入れを促進する

というものであった(1983年12月11日 日本経済新聞)。

簡単に言うと「偏差値依存の入試を改善」「道徳心を育成」、そして「国際

化の推進」である。

　翌1984年8月22日に、中曽根首相の諮問機関となる臨時教育委員会（臨教審）が設置された。臨教審は、1984年8月21日に岡本道雄京都大学学長(当時)を会長とする25人から構成された。臨教審は、1985年から87年に、4度にわたる答申を行い、その中で、

- 幼保一元化
- 小学校の低学年では、理科と社会を中心に教科の統合化をすすめ、活動経験を通じて総合的に指導
- 選択教科の拡大
- 高校入試での内申書重視
- 単位制高校、中高一貫教育の導入
- 評価の多元化により、大学で一芸に秀でた者を受け入れる
- 共通一次試験の見直し
- 大学の学部3年での大学院進学を認める

などを提言した。これらは、その後実現している。また、

- 小学校では、「読み・書き・算数」の基礎・基本の充実
- 学習指導要領は、内容を大綱化し、教科書検定を簡素化する
- 教科書の質の向上、創意工夫の促進
- 地方分権の促進

なども答申したが、これらは、未だに実現しているとはいえない。
　そして、中曽根元首相の望んだ「共通一次試験の廃止」は、試験科目を減らした大学入試センター試験に形を変えただけになった。これについて、中曽根元首相は、その著『自省録』(新潮社 2004年)の中で、

　　「こんなものは止めるように、私は言っていました。ところが文部省は、

共通一次テストのために、前年大蔵省を説得して六十億円を費やしてコンピュータを導入していたのです。共通一次が廃止などされては、大蔵省を説得して六十億円かけたコンピュータが要らなくなり、困るわけです。文部省が猛反対するのも肯けます」、

「せめて共通一次テストなどという名前くらいはやめにしなさい」と命じたところ、考えた末に持ってきたのが『新テスト』です。文部省のお役人とはこういうものです」(202-203頁)

と述べている。

結局、中曽根氏は、この教育改革を失敗と捉え、その原因として、

「臨時教育審議会（臨教審）をつくるとき、最初に反対したのは文部省です。彼らが、『中教審でおやりください』と言ったので、私は、『それはダメだ。これは文部省だけの問題ではない。もっと広く、内閣レベルで考えないと教育改革はできない』と言いましたが、その後も彼らは執拗に反対しました。当時、事務次官をしていたのが、あの高石邦男君でした。彼は、本当に頑固な人でした。

事務局は文部省出身を活用してほしいという条件に妥協したことも、後々尾を引きます」(199頁)

と述べている。

事務局構成を文部省を中心としたため、審議が途中から文部省ペースになり、結果として出てきた答申が、具体的な推奨事項の羅列になり、その中でも文部省の既得権に反しない事項だけが実現したのだ。

そして、少人数学級や学習指導要領の大綱化や教科書検定の弾力化は実現せず、結果として日本の若者の学力が大きく低下することになった。

臨教審が開かれていた1980年代の後半は、もうすでに、家庭内暴力、校内暴力、そしていじめが深刻な問題となっていた。また、70年代から80年代にかけては、「乱塾」時代と呼ばれるほど、中学生、小学生の塾通いがさ

かんになっていた。

　これらの問題の深層について、深く考える人は、委員の中には、余りいなかったようである。他の先進国と比べて異なる日本の教育制度の中でも、内申書評価の進学への活用、40人という多人数クラスでの一斉授業などが子供の心や学力に与えている影響について考える委員がいれば、もう少し、違う答申ができたであろう。

　教育基本法の改正は、中曽根元首相が最重要課題として位置づけていたにもかかわらず、当時の政治状況から臨教審の議題に含めることができなかった。

2　課程審答申

　教育課程審議会（課程審）は、幼稚園から高校までのカリキュラムを審議する文部大臣の諮問機関である。文部省はこの答申にしたがって、学習指導要領を作る。臨教審の改革が進むにつれ、その改革提言に見合った教育内容への改革を審議するべく、1985年9月に、京都大学名誉教授で、ノーベル化学賞を受賞した福井謙一京都工繊大学長を会長とする課程審が発足した。1987年にまとめられたその答申の前文で、

> 「審議を進めるに当たっては、……臨時教育審議会の答申や中央教育審議会の教育内容等小委員会審議経過報告を踏まえるよう配慮した」

と述べている。

　答申のⅠ「教育課程の基準の改善の方針」の1「教育課程の基準の改善のねらい」においては、4つの柱として、

(1)　豊かな心をもち、たくましく生きる人間の育成を図ること
(2)　自ら学ぶ意欲と社会の変化に主体的に対応できる能力の育成を重視すること
(3)　国民として必要とされる基礎的・基本的な内容を重視し、個性を生かす教育の充実を図ること

(4) 国際理解を深め、我が国の文化と伝統を尊重する態度の育成を重視すること

を挙げている。また、各学校段階を通じて、各教科の内容、指導方法、そして評価の方法の改善を図るとしている。

この答申により小学校1年生と2年生で理科と社会科が廃止され、かわりに生活科を新設することになった。

高校では社会科が、それまでは現代社会、世界史、日本史、地理、倫理、政治・経済から成り、現代社会の4単位が必修で、残りの世界史、日本史、地理等の5科目は選択であった。しかし、1987年の課程審で、社会科解体論が急浮上し、世界史、日本史、地理から成る地歴科と、現代社会、倫理、政治経済からなる公民科に分離・独立することになった。それだけでなく、地歴科のうち世界史を必修とすることも決まった。

その時は、全国社会科教育学会の教員へのアンケートでも、「歴史は社会科として教える」という回答が83％で、「社会科から独立させる」8％を圧倒的に上回っているという状況であった。

「高校から消える社会科 あっという間の『歴史独立』」（朝日新聞、1987年11月14日）によると、課程審の席上で、木村尚三郎委員（西洋史）の発言に対しては、批判意見が次々と出たという。その木村委員をたった1人応援したのが、田村哲夫委員（渋谷教育学園理事長）であったとのことである。

高校社会科協力者会議の委員であった朝倉隆太郎上越教育大教授や平田嘉三広島大教授は抗議の辞任をしている。

高校生は地歴科では、世界史に加えて日本史か地理のどちらかを選ばなければならず、公民科からは、現代社会か倫理と政治・経済のどちらかを選択しなければならない。社会科の履修量がそれまでの2倍になってしまったのである。課程審の委員からも、

「『必修が四単位だった社会科と比べると、再編成後は地歴科と公民科をあわせ一気に倍の八単位とらねばならず、他の教科に比べ突出してい

る』『世界史の必修は、必修科目を減らし選択科目を増やすというカリキュラムの多様化・弾力化の流れに反する』などの反論が相次いだ」(1987年11月14日 日本経済新聞)

という声が挙がった。

実際、その後2006年になって、全国の600近い高校で9万人近い生徒が、実際は未履修であるのにもかかわらず、必修である世界史などを履修したことにしていたことが明らかになり、大きな問題となった。

バランスを逸するほど、社会科の負担が大きいことが原因である。特に、理系の生徒は高校3年時で、数学Ⅲ、数学Cや物理の勉強が必要だから、先取りしてそれらの科目をすませてしまう一部の私立高を除けば、生徒にとって無理が多い指導要領であった。

世界史が必修であるとしても、社会科の中での必修にとどめるなら2006年時に発覚したように、履修逃れが一般化することはなかったであろう。

課程審の答申は、1989年に告示された学習指導要領に反映された。この指導要領のもとで、それまで中学校の英語の授業時間が週3時間であったのを、4時間までは弾力的に運営できるようになった。

高校数学は、各学年の数学が数学Ⅰと数学A、数学Ⅱと数学B、数学Ⅲと数学Cに分かれ、従来の標準的な「数学Ⅰ」「代数・幾何」「基礎解析」「微分・積分」の選択と比べると、体系性が失われた。しかも、数学Ⅰを必修、数学A(因数分解、不等式、数列)を選択として、2年生から学ぶ数学Ⅱと数学Bでは、数学Aの内容を履修ずみであると想定してはいけないことにしたため、体系的な数学がバラバラになり、しかも数学Ⅰは、二次関数、三角比、確率と関連のない内容が羅列され、暗記科目のようになった。

また、月1回の土曜休日制、すなわち学校週5日制も始まることになる。

週5日制については課程審で検討している段階から、反対意見が多くあった。当時の塩川文相も、

「子供たちが土曜日にどう対応したら良いのか。父親はゴルフ、母親

は習い事などのいまの家庭環境からすれば結局塾に行きなさいということになる」「この問題が解決しない限り（この構想には）賛成できない」(1986年9月24日　日本経済新聞)

と述べていた。

　その後この指導要領は、新学力観に基づくものとして位置づけられる。新学力観とは、これまで「知識や技能」によって定義していた学力を「旧学力」と呼び、今後は個性を重視し、したがって学ぶ過程、すなわち「関心・意欲・態度」を含めた新しい学力を重視するというものである。

　その後87年の課程審の答申の中にも、「Ⅱ　教育課程の基準の改善の関連事項」の「3　学習の評価」において、

　　「日常の学習指導の過程における評価については、知識理解面の評価に偏ることなく、児童生徒の興味・関心等の側面を一層重視し、学習意欲の向上に役立つようにするとともに、これを指導方法の改善に生かすようにする必要がある」

という文章が盛り込まれた。

2節　「評価」を変えた新学力観

1　指導要録が絶対評価に

　学校での学習や行動の評価のうち生徒に伝えられるのは、学校の成績で、すなわちそれは学期末に受けとる通知表である。通知表に対する法的規制はなく、発行するか否か、どのような内容にするかは学校の裁量に任せられている。通知表は、指導要録を基に作成される。指導要録は、生徒の学習・行動・その他について記録し、外部に対する証明となる原簿である。学校教育法施行規則で学校に備えることが義務づけられており、一定期間、保存をしなければならないものである。これに対し、進学や就職に際して発行される、生

徒の学習や活動について教員が記録した文書は調査書で、俗に内申書と呼ばれている。この様式は、各県で定められている。

このように指導要録を基に通知表や内申書が作成されるので、指導要録に何が記載されるかが重要である。

1991年3月に、文部省の「指導要録の改善に関する調査研究協力者会議」は、生徒の成績評価を相対評価から絶対評価に改めるよう報告をまとめた。「相対評価が基本、絶対評価は補完」であった指導要録の記入が、「絶対評価が基本、相対評価は補完」に逆転することになった。相対評価とは5段階評価なら、例えば、クラスの生徒のうち、5と評価されるのは10％、4と評価されるのは20％、3は40％、2は20％、1は10％という評価である。

たとえ、子供たちのレベルが高く、クラス40人の全員が90点以上をとっても、4人しか5と評価されないというのが相対評価である。また、必ず、10％の子供は1の評価になる。

一方絶対評価とは、普通の意味では例えば、85点以上をとれば5、70点から84点の間なら4、55点から69点の間なら3、35点から54点までは2、34点以下は1という評価の仕方である。

ところが、文部省の進めてきた絶対評価とは、教員の主観で関心・意欲なども点数づけする評価のことを意味している。何人でも5を与えていいというのは、先に説明した絶対評価と同じであるが、それ以外は、客観性に欠く、何を測って比較しているのか分からない評価となっている。この評価に反映される学力観が「新学力観」と呼ばれ始めたのである。

図1-1は1991年の改訂の前、図1-2は改訂の後の指導要録である。「評定」「観点別学習状況」「所見」から成る各教科の学習の記録の中で、評定の後に書かれていた「観点別」が、改訂後は、評定の前にきて、位置づけが変わっているのがわかる。

しかもそれまで、「知識・理解」「技能・表現」「思考・判断」「関心・意欲・態度」の順に、4つの観点のそれぞれをA、B、Cで評価して記載していた「観点別学習状況」が、「関心・意欲・態度」「思考・判断」「技能・表現」「知識・理解」と項目の順序を変えた上で絶対評価の基本とされ、最重要視されること

各教科の学習の記録

Ⅰ 評定

教科	学年 1	2	3
国語			
社会			
数学			
理科			
音楽			
美術			
保健体育			
技術・家庭			
選択科目 外国語(英)			
選択科目 美術			

Ⅱ 所見

第1学年	
第2学年	
第3学年	

Ⅱ 観点別学習状況

教科	観点	学年 1	2	3
国語	表現の能力			
	表現(書写)の能力			
	理解の能力			
	言語に関する知識			
	国語の対する関心・態度			
社会	知識・理解			
	資料活用の能力			
	社会的思考・判断			
	社会的事象に対する関心・態度			
数学	知識・理解			
	技能			
	数学的な考え方			
	数学事象に対する関心・態度			
理科	知識・理解			
	観察・実験の技能			
	科学的な思考			
	自然に対する関心・態度			
音楽	表現の能力			
	鑑賞の能力			
	音楽に対する関心・態度			
美術	表現の能力			
	鑑賞の能力			
	美術に対する関心・態度			
保健体育	運動の技能			
	知識・理解			
	運動・保健に対する関心・・態度			
技術・家庭	技能			
	知識・理解			
	生活や技術に対する関心・態度			
選択科目 外国語(英)	聞くこと			
	話すこと			
	読むこと			
	書くこと			
	外国語に対する関心・態度			
選択科目 美術	表現の能力			
	鑑賞の能力			
	美術に対する関心・態度			

行動及び性格の記録

Ⅰ 評定

項目	学年 1	2	3
基本的な生活習慣			
自主性			
責任感			
勤労意欲・根気強さ			
創意工夫			
情緒の安定			
寛容・協力性			
公正			
公共心			

Ⅱ 所見

第1学年	
第2学年	
第3学年	

Ⅲ 趣味・特技

特別活動の記録

第1学年	第2学年	第3学年
1 活動の意欲　2 集団への寄与	1 活動の意欲　2 集団への寄与	1 活動の意欲　2 集団への寄与

図1-1　中学の指導要録(1990年)

各教科の学習の記録

Ⅰ 観点別学習状況

教科	観点	学年	1	2	3
国語	国語への関心・意欲・態度				
	表現の能力				
	理解の能力				
	言語についての知識・理解・技能				
社会	社会的事象への関心・意欲・技能				
	社会的な思考・判断				
	資料活用の技能・表現				
	社会的事象についての知識・理解				
数学	数学への関心・意欲・態度				
	数学的な考え方				
	数学的な表現・処理				
	数量、図形などについての知識・理解				
理科	自然事象への関心・意欲・態度				
	科学的な思考				
	観察・実験の技能・表現				
	自然事象についての知識・理解				
音楽	音楽への関心・意欲・態度				
	音楽的な感受や表現の工夫				
	表現の技能				
	鑑賞の能力				
美術	美術への関心・意欲・態度				
	発想や構想の能力				
	創造的な技能				
	鑑賞の能力				
保健体育	運動や健康・安全への関心・意欲・態度				
	運動や健康・安全についての思考・判断				
	運動の技能				
	運動や健康・安全についての知識・理解				
技術・家庭	生活や技術への関心・意欲・態度				
	生活を創意工夫する能力				
	生活の技能				
	生活や技術についての知識・理解				
選択教科	外国語(共通)	コミュニケーションへの関心・意欲・態度			
		表現の能力			
		理解の能力			
		言語や文化についての知識・理解			
	国語				
	社会				
	数学				
	理科				
	音楽				
	美術				
	保健体育				
	技術・家庭				
	外国語(選択)				

Ⅱ 評定

教科	学年	1	2	3
国語				
社会				
数学				
理科				
音楽				
美術				
保健体育				
技術・家庭				
選択教科	外国語(共通)			
	国語			
	社会			
	数学			
	理科			
	音楽			
	美術			
	保健体育			
	技術・家庭			
	外国語(選択)			

Ⅲ 所見

第一学年	
第二学年	
第三学年	

図1-2　中学の指導要録（1994年）

になったのである。

　「観点の順番を逆転させたのは関心・意欲・態度をクローズアップさせるため。意欲・態度なんて客観的に評価できないとの考え方もあるが、学力を総合的な形で評価しようと思ったら情意面の評価の窓口も必要不可欠。」新指導要録作成の中心となった梶田叡一大阪大教授は強調する。
　「知識・理解とか技能などの"見える学力"は氷山の一角。水面下で思考力・判断力といった"見えない学力"が支えていないと、学ぶ意欲や主体性は育たない。これが新学力観の基本的考えです。」(1995年1月16日　熊本日日新聞)

　この指導要録の改訂は、「新学力観」に基づいて、試験の成績だけでなく、意欲や判断力、表現力なども加味して、学力を捉えるというものであった。
　新学力観に対する批判は、この当時でも存在していた。当時、国立教育研究所次長だった市川昭午氏は、「新学力観による評価」について問われて、読売新聞(1994年3月25日)で、

　「これまで、学校教育では測定できる知識学力しかとらえようとしなかった。だが、それだけでしかなかったことで、自分は他の面ですぐれていると考えられ、救いがあった。今回は全人格を対象とする評価になるから、劣っているとされると救いようがない。〈中略〉新しい観点別評価は人権侵害だとする批判も起きている」

と、また、「どうすればよいのか」という問いには、

　「物事を深くつかむために知識はあったほうがよいに決まっている。従来、学校では伝達可能で客観的に測定できる知的教科についての知識・理解を中心にしてきたが、それらは実生活の中で学ぶのが非効率だからだ。逆に言えば、実生活に直結するような能力は、実生活で習得する方

が効果的。その種の学力ばかり強調することは、突き詰めると、学校教育の否定に行き着きはしないか。〈中略〉学力を定義し直すことで問題が解決するわけではない。学習への興味、関心や学習する意欲を育てる具体策が示されない限り、結局、やる気のある者は学習するが、ない者はしないという結果に終わってしまう」

と答えている。

翌年の読売新聞（1995年3月30日）でも、市川氏の見解は、

「『教育の自由化・個性化』という妖怪、『新しい学力観』という亡霊が二十世紀末の我が国教育界を徘徊している」こんな書き出しの論文が昨年6月、教育雑誌に掲載された。執筆したのは国立教育研究所の市川昭午次長。退官を目前にした今も、新学力観のあり方に疑問を抱き、こう警告する。「方法論として意欲を重視するなら意味もあるが、それが目的化している現状は問題だ。このままではやがて行き詰まる。知識・技能の習得と個性重視のバランスをとらない限り」

と紹介されている。

2　業者テストの禁止

1992年には、当時の鳩山邦夫文部大臣によって埼玉県や東京都の公立中学校で、在学中に行われる業者テストの結果や偏差値が、私立高校の入試に利用されていることが問題視された。そして、文部省は、公立中学校が授業時間中に業者テストを行うことを禁止し、業者テストと偏差値を全面追放することを決めた。これは、テストの結果のみで評価しないという新学力観とも合致はしている。

日本教職員組合（以下、日教組）も、業者テスト追放に賛成していた。ただ、現場の教員や地方の組合は、必ずしも一枚岩ではなかった。これに対し、「連合」に参加することを拒否した非主流派が、1989年に日教組から分裂して作っ

た組合、全日本教職員組合(全教)も業者テスト追放に同意した。これ以降は、日教組が旧社会党、全教が共産党に近い活動方針をとるようになる。

朝日新聞の解説委員である山岸駿介氏は、

「昨年2月の文部事務次官通知で『高校は生徒の選抜に業者テストを使わないこと。中学校は業者テストの偏差値などに依存した進路指導を行わないこと』を求めた。現場は仰天した。文部省が県教委向けに設けた特設電話は、鳴りっ放しだった。文部省も必死だった。求められると、どんな会合にも出向き、業者テスト追放の意味を説明した。半年間で136回。担当の寺脇研・職業教育課長(当時)は、77回も出ている。地方で通知に反するような動きが報道されると、すぐさま県教委を厳しく指導した。その熱意、行動力は、脱帽する。しかし、どうも気になった。教育委員会は、文部省の通知通りに動かなければならない機関なのか、と。教育委員会は戦後、教育の地方自治を保障するためにできた。だから、文部省が教育委員会にできるのは『指導、助言、援助』であって、命令ではない」(1994年4月18日 朝日新聞)

と述べている。ここで、名前が登場する寺脇研氏は、業者テストの追放を機会に、「ミスター偏差値」とか「ミスター文部省」と呼ばれるようになった。

しかし、業者テストを追放すると、学校が客観的なデータに基づく進路指導ができなくなるため、子供たちは、学校外のテストや塾の進路指導の方に傾斜してゆくことになる。

1994年6月30日に社会党・自民党・さきがけが連立政権を組み、社会党の村山富市氏が首相となる。この政権は、96年1月11日まで続いた。この間、「連合」に属する日教組は、政権を支える組合となった。

3 中教審の答申と「生きる力」

1995年4月26日に当時の与謝野馨文部大臣は、中央教育審議会(有馬朗人会長)に、「21世紀を展望したわが国の教育の在り方について」を諮問した。

主な検討事項は、
(1) 今後における教育の在り方及び学校・家庭・地域社会の役割と連携
(2) 一人一人の能力・適性に応じた教育と学校間の接続の改善
(3) 国際化、情報化、科学技術の発展等社会の変化に対応する教育の在り方

で、そのうち(1)と(3)について、1996年7月19日に、第1次答申が当時の奥田幹生文部大臣に提出された。
「生きる力」については、第1次答申の「第1部　今後における教育の在り方」の中の「(3)今後における教育の在り方の基本的な方向」において、

　「我々はこれからの子供たちに必要となるのは、いかに社会が変化しようと、自分で課題を見つけ、自ら学び、自ら考え、主体的に判断し、行動し、よりよく問題を解決する資質や能力であり、また、自らを律しつつ、他人とともに協調し、他人を思いやる心や感動する心など、豊かな人間性であると考えた。たくましく生きるための健康や体力が不可欠であることは言うまでもない。我々は、こうした資質や能力を、変化の激しいこれからの社会を『生きる力』と称することとし、これらをバランスよくはぐくんでいくことが重要であると考えた」

と書いている。さらに、その文章の続きには、

　「また、教育は、子供たちの『自分さがしの旅』を扶ける営みとも言える。教育において一人一人の個性をかけがえのないものとして尊重し、その伸長を図ることの重要性はこれまでも強調されてきたことであるが、今後、『生きる力』をはぐくんでいくためにも、こうした個性尊重の考え方は、一層推し進めていかなければならない」

とも書いて、個性重視を強調している。
　後に、中教審の第2次答申の骨子の中で、「生きる力」は、

・自分で課題を見つけ、自ら学び、自ら考え、主体的に判断し、行動し、よりよく問題を解決する能力
・自らを律しつつ、他人と協調し、他人を思いやる心や感動する心など豊かな人間性とたくましく生きるための健康や体力

と改めて定義された。
　また、「第2部　学校・家庭・地域社会の役割と連携の在り方」以下については、「骨子」に沿ってまとめると、その「第1章　これからの学校教育の在り方」の「次の教育課程の改訂に当たって」において、

○　教育内容の厳選と基礎・基本の徹底
　　教育内容を基礎・基本に厳選し、授業時数を縮減する（単なる知識や暗記に陥りがちな内容・学校段階・学年間・教科間で重複する内容など精選）

○　横断的・総合的な指導を一層推進するため、各教科の教育内容を厳選することにより時間を生み出し、一定のまとまった時間（「総合的な学習の時間」）を設ける

と授業時間と内容の削減、そして、総合学習の設置を提言している。
さらに、「将来における教育課程の改訂のために」において、

○　教科の再編・統合を含めた将来の教科等の構成の在り方について、早急に検討に着手することが必要。このため、教育課程審議会にそれらの在り方を継続的に調査審議する常設の委員会を設け、その審議の成果を政策に反映する

と、教科の統合について提言している。これは、1989年の指導要領で、小学校1年生と2年生の理科と社会科を廃止して、生活科を設けたこと、1998

年の指導要領で、総合学習を設けることの延長線上に、理科と数学、国語と社会科などを廃止して、体験学習の時間で置きかえる計画があったことを示唆している。

「第5章 完全学校週5日制の実施について」では、週5日制との関係で、

○ 教育内容を厳選するなど学習指導要領を改訂する際には、学校週5日制の円滑な実施に資するよう、全体として授業時数の縮減を図る

○ 学力の評価は、単なる知識の量の多少でなく、「生きる力」を身に付けているかどうかによってとらえる

を提言している。

4 中教審の第2次答申

第2次答申は、97年6月26日に当時の小杉隆文部大臣に提出された。答申の「第1章 一人一人の能力・適性に応じた教育の在り方」の冒頭で、

「教育は、『自分さがしの旅』を扶ける営みと言える。子どもたちは、教育を通じて、社会の中で生きていくための基礎・基本を身に付けるとともに、個性を見出し、自らにふさわしい生き方を選択していく」

と述べ、第1次答申で提言した「生きる力とゆとり」を確認している。

「第2章 大学・高等学校の入学者選抜の改善」からは、入学試験を主に議論している。第1節が「過度の受験競争の状況」で、第2節「大学入学者選抜の改善」の「(2)大学入学者選抜の改善の基本方向」の中の「[1] 高等教育を取り巻く環境の変化と大学入学者選抜の課題」において、

「大学入学者選抜の在り方を改善することを阻害する背景として、形式的な平等にとらわれ、専ら学力試験によって合否を決することが公正・

公平であるという概念が、教育界を含む我が国社会全体において依然として根強く存しているということも看過できない問題である」

と述べ、
「[4] 改善の基本方向(a)」では、

「学力試験を偏重する入学者選抜を改め、能力・適性や意欲・関心などを多角的に評価するため、選抜方法の多様化、評価尺度の多元化に一層努めることが必要。……こうした改善を進めるに当たっては、学力試験により1点差刻みで選抜することが最も公正・公平であると考えられてきた公正・公平の概念を見直すことが必要」

と述べている。テストの成績ではなく、関心・意欲など、教員の主観に基づく評価の方が、公正・公平とでも言っているようにうかがえる。そして同じ項目の(b)では、

「ゆとり」の中で「生きる力」を育成するという初等中等教育の改善の方向を尊重した入学者選抜の改善に努めることが必要。〈中略〉「生きる力」が学力だけでない総合的な力であり、また、学力そのものの概念も、単なる知識の量から、自ら学び、考える力へと転換が図られつつあるということを踏まえた改善が必要」

と、改めて、新学力観を確認している。
　中教審の答申を受け、教育課程審議会（三浦朱門会長）は、新しい指導要領の内容を1998年7月29日に答申した。
　この指導要領は教科内容を、それまでの分量の7割にとどめ、授業時間も大きく削減するというものである。中学の数学はそれまで、1年生が週3時間、2年生、3年生が週4時間であったのが、全学年週3時間になった。英語も全学年週3時間となった。一方で総合的学習が、週2～4時間とられている。

5　第2次答申を受けて作成された指導要領

　課程審の答申にしたがって、文部省が、指導要領を作成し、その指導要領に沿って、教科書会社は申請本を作り、検定を受ける。

　この指導要領では時間数だけでなく、内容も大きく削減された。

　その結果、例えば小学1年生の算数では、「10－0」を載せた教科書は、答えが2桁になるという理由で検定で修正させられている。小学校では、3桁と2桁の掛け算は扱わないので、255×62などは25×62に修正させられた。

　分数では、答えが仮分数（$\frac{3}{2}$や$\frac{2}{2}$など）になる引き算は小学校で扱わなくなったので、（$\frac{4}{3}-\frac{1}{3}$）などは、真分数（$\frac{1}{3}$や$\frac{2}{3}$など）が答えになる$\frac{2}{3}-\frac{1}{3}$に修正させられた。

　また、小数の計算は、小数第1位までに限定されたから、半径4の円の面積を求める計算

　　　$4 \times 4 \times 3.14$

ができなくなる。電卓を使うか、手計算なら円周率を3.14ではなく、3.1か3として計算することになった。

　図形では、台形など四辺形の公式

　　　（上底＋下底）×高さ÷2

は、削除された。公式を暗記させないためである。

　6年生で、従来学んでいた比の概念では、比の値、反比例や正比例の式が排除された。

　中学からは、2次方程式の解の公式も消え、高校に移された。

　このことについて、教課審の三浦朱門会長は、『週刊教育PRO』の1997年4月1日号のインタビューの中で、

　　「曽野綾子のように『数学大キライ』な人がいて、『私は2次方手式もろくにできないけど、65歳になる今日まで全然不自由しなかった』というような委員がいれば、恐らく『何のためにそのようなことを教えなければならないのか』というようなことを言うはずです。つまり、そのよ

うな委員が半分以上を占めなければいけないのです」

と答えている。

　理科では扱う昆虫の種類は、2、3種類と決められているので、小学校3年で、バッタ、トンボ、モンシロチョウとアゲハチョウを扱っていた教科書は、修正を求められた。また、4年生では、乾電池は2個までと限定され、3個つないだケースは扱えない。

　中学の理科からは生物の進化、遺伝、化学のイオンなどの分野が高校に移った。高校では理科の科目は選択になるので、それらの概念を学ばない生徒も増える。

　英語では会話にますます重点が置かれ、you are が you're となるように、実際に会話で用いられる短縮形を使うようになった。一方、筆記体のアルファベットは教えなくなった。

　高校の数学では、数学Ⅰすら選択科目となり、新設された数学のエピソードを集めた「数学基礎」の科目のみをとれば、高校を卒業できるようになった。

　このような指導要領が一層の学力低下を招くことは必至であった。

6　総合学習の時間の設置

　2002年と03年からは指導要領の改訂によって、小学校3年から高校3年まで、総合学習の時間が週3時間程度で新設された。

　また、土曜日の授業をやめ、学校完全週5日制も実施された。総合的学習については、1998年の指導要領の総則の「3. 総合的な学習時間の取扱い」で、

1. 総合的な学習の時間においては、各学校は、地域や学校、児童の実態等に応じて、横断的・総合的な学習や児童の興味・関心等に基づく学習など創意工夫を生かした教育活動を行うものとする
2. 総合的な学習の時間においては、次のようなねらいをもって指導を行うものとする

(1) 自ら課題を見付け、自ら学び、自ら考え、主体的に判断し、よりよく問題を解決する資質や能力を育てること
(2) 学び方やものの考え方を身に付け、問題の解決や探究活動に主体的、創造的に取り組む態度を育て、自己の生き方を考えることができるようにすること

と定められている。

　週3時間、全国の全ての先生が、教科とは別の体験的学習として児童・生徒を指導しなければならない——教科書がなく、内容は教員まかせというのでは、うまくゆくはずはない。

　現行の指導要領が始まる前の2002年3月11日号のAERAの記事「総合学習は死んだか『ゆとり』の理想と現実」には、

　　「始める前からすでに失敗が半ば見えている——。これほど空しい『改革』はないだろう。4月から始まる『総合的な学習の時間』が、教育現場を大きな混乱に陥れている。『生きる力を育てる』という大目標と裏腹に、子どもの学力を一層低下させかねない」

という見出し文のもとに、

　　「兵庫県伊丹市の公立中の男性教師は、昨年度に行った総合学習を苦々しくこう振り返る。『生徒一人ひとりの関心に沿おうとして、こちらからはテーマを与えなかったのが失敗でした』子どもたちが自ら選び、申告した『テーマ』は、ほとんどが芸能人やアニメ、ゲームなどに関するもの。『研究成果』もインターネットで調べてきたものを適当にプリントアウトし、貼りつけただけのようなものばかり。ほとんどが、『残す気にもならないような代物』だった」、
　　「東京都杉並区のある小学校4年生のクラスでは、地域の祭りに参加したり、近くに住む外国人たちを招いてその国の話を聞いたりという活

動を行った。子どもたちは喜んで取り組んだが、母親の1人(44)の胸には、ぬぐえない疑問が残った。『外国人から少し話を聞いて、仲良しになって、それが本当の〔国際理解〕につながるのか』『祭りの参加にしても、その時は楽しいかもしれないが、後に残るものがない。わざわざ学校でやるほどのことなのだろうか』」

と報道されていた。

 元来、教科活動に使うことを許されなかった総合的学習であるが、学力低下が指摘されるにつれ、当時の有馬朗人元文部科学大臣は、選択教科と総合学習の時間も5教科と関連づけて行うことを認める発言をしている（2001年4月22日 日本経済新聞）。

 2002年4月1日の神戸新聞では、

「『総合学習が遊びの時間になっている。総合学習なんか教科の組み合わせでいい。国語と算数を組み合わせて教えればいいんだ。』
　文部科学省のある幹部は最近、非公式の場面でこんな『総合学習』否定ともとれる発言をしている」

とまで報道された。

 その結果、2003年12月の学習指導要領の一部改正では、総則の3の2に

(3) 各教科、道徳及び特別活動で身に付けた知識や技能等を相互に関連付け、学習や生活において生かし、それらが総合的に働くようにすること

が追加された。

3節　進行する内申書重視

 進学において、生徒を評価するために活用されるのは内申書（調査書）であ

るため、内申書の記載方法と活用が、児童・生徒の進路を左右することになる。

その内申書でも、中学進学にあたっては、小学校の作成する内申書が大きな問題を引き起こすことはない。しかし、中学が作成する内申書は、高校進学時の選抜に活用されるため、その記載のあり方が生徒に与える影響は大きい。

内申書重視の動きは1967年に東京都で始まり、日本全国に広まっていった。

1980年代には、1984年に文部省が「調査書の学習成績以外の記録の積極的利用」を盛り込んだ初等中等局長通知を出した。また、臨教審が、高校入試を内申書重視に改める議論をしている。臨教審の「委員の間からは、『学力ではなく人物評価で不合格になる方がショックが大きい』など反対論や慎重論が相次いだ」と報じられていた (1986年12月11日 読売新聞)。

臨教審の第3次答申では、「内申書重視」という表現は消え、高校の「普通科でも、推薦入試を導入」という表現が入っていた。推薦入試では、「内申書のみを活用する」ことになる。

1987年の教育課程審議会の答申で、生徒の関心・興味や体験を重視する「新学力観」が登場し、1989年改訂の指導要領で採用される。

1991年の「指導要録の改善に関する調査研究協力者会議」による指導要録の改訂を受けて、1994年の高校入試から、内申書でも、優れた観点に丸を付けるなどの方法で、中学3年時の観点別評価が記入されるようになった。ただ、内申書の評定には、未だ、相対評価の点が付けられた。そうした中でも、茨城県では、観点別評価を点数化した上で、内申点に加えていた。このことは、

> 「県教育委員会は1994年度の高校入試から、内申書に記載するほとんどの項目について、各高校が決めた基準で点数化できる制度に変えた。そのうえ、各高校が点数配分を決める際には、『観点別』の方の比重を5段階評定より高くするよう義務付けた。それ以前は、内申書で合否に直接影響したのは、ただ1つ点数化されていた五段階評定だけだった。その他の事項は参考にされる程度の意味しかなかった」(1997年11月25日

朝日新聞)、

「一部で問題視されているのは、入試判定の際に各高校が観点別評価や選択教科、特別活動などついて点数化、選抜の資料にしていることです。例えば、観点別評価（ＡＢＣの3段階）では、Ａは5点、Ｂは3点、Ｃは1点などとします。高校によっては特別活動の記録も点数化します。『部活動の県大会で優勝すれば15点、英語高松宮杯スピーチコンテスト関東大会に出場すれば10点、ボランティア活動で表彰されれば10点……』など。具体的な点数化については、高校の内規ということで公表していません」(1995年9月1日 産経新聞)

と報道されている。

図1-3は、改訂以前の内申書である。**図1-4**は94年からの内申書で、観点別学習状況が登場している。

それまで指導要録には入ってはいたが、高校進学時には、あまり重要視されていなかった「行動の記録」や「特別活動の記録」が、指導要録の改訂とともに、より大きな意味を持ち出した。行動の記録とは、「基本的な生活習慣」「健康・体力の向上」「自主・自律」「公共心・公徳心」などであり、特別活動の記録とは、「学校活動」「生徒会活動」「学校行事」と「特記事項」などからなる。

学習の記録	教科	国語	社会	数学	理科	音楽	美術	保健体育	技術・家庭	選択科目 英語	選択科目	※	※	特別活動の記録	所見（卒業後に指導してきたことについても記入する。）
	3年評定					※					音楽 美術				
		※								※	保健体育 技術・家庭	※			

行動及び性格の記録（3年）	観点項目	健康・安全への自覚	基本的な生活習慣	自主性	責任感	根気強さ	創造性	情緒の安定		指導性	集団への参加		正義感		人権への尊重				
	表示																		

図1-3　内申書の主要部分（1983年）

学習の記録（3年）	教科	国語	社会	数学	理科	音楽	美術	保健体育	技術・家庭	英語（共通）	※		
	観点別学習状況 I												
	II												
	III												
	IV												
	評定										※	※	
										※	※		

選択教科	評定
国語	A・B・C
社会	A・B・C
数学	A・B・C
理科	A・B・C
音楽	A・B・C
美術	A・B・C
保健体育	A・B・C
技術・家庭	A・B・C
外国語	A・B・C
	A・B・C

特別活動の記録			
I　活動の状況（3年）			
学級活動		クラブ活動	
生徒会活動		学校行事	
II　事実及び所見			

行動の記録	項目	基本的な生活習慣	明朗・快活	自主・自律	向上心	責任感	創意工夫	思いやり	寛容・協力性	自然愛護	勤労・奉仕	公正・公平	人権の尊重	公共心					
	3年																		

図1-4　内申書の主要部分（1994年）

1　特別活動を内申点に

新学力観に基づく指導要領であるだけに、1994年の高校入試から、特別活動の記録を内申点に入れる都県も増加していた。96年当時の、特別活動の記録が内申点において占める率は、福島県が22％、島根県が20％、東京都が13.6％、その他6県は10％前後であった。

内申書の問題は先にも述べたように、1970年代から存在していた。観点別評価が導入される前にも、1989年11月に、1日だけだが、大阪の教師、弁護士らが作る「体罰と管理教育を考える会」が「内申書110番」を開いている。このとき、電話回線が塞がりっ放しになったために、翌年の2月11日にも、2回目の「内申書110番」を開いた。この時も、「内申書で脅かされた」などの相談が殺到している（1990年8月23日 北海道新聞）。

「特別活動の記録」が内申点に加味される。すると、教師が生徒の行いや態度に点数をつけ、それで高校進学が決まることになる。子供たちのストレスは、一層、大きくなったであろうことは想像できる。

「渋谷区内の公立中。生徒会長や広報委員長など12のポストを選ぶ役員選挙に約30人が立候補。『いつもは、対立候補もいないのに』と教師はいう。多摩地区には、赤い羽根募金や老人ホームへの慰問演奏に参加する生徒が急に増えた中学校もあったという。下町では、内申点アップの方法を指導する進学塾まで登場している。学校の提出物をきちんと出すことから、授業中には積極的に手を挙げるよう、生徒に具体的に指示。」（1994年3月20日 朝日新聞）

「『相づちを打ったり、うなずいたりする』『教師や友達の話をよく聞く』『提出物の期限を守る』……。学校での子供の態度を事細かにチェックする26の項目が、ずらりと並んでいる。東京都葛飾区の教育評価調査研究委員会が作成した『関心・意欲・態度』のチェックリストだ。」（1995年1月16日 熊本日日新聞）

「クラス委員、文化祭実行委員、卓球個人戦で決勝進出……。授業以外に中学校生活を彩る『青春の断片』が点数化されている。学習指導要領で文部省が『新学力観』を打ち出して以来、本州で高校入試の際に、内申書で生徒会活動やボランティアなどの『特別活動の記録』を内申点として計上するところが増えている。学力以外の子供の側面を幅広く入試に反映させるためだが、『子供の人格や中学生活の点数化』という批判も多い。」（1996年6月26日 北海道新聞）

そして、「オール5」でも、高校の入試に不合格となる例も出てきた。

「今春、東京都内の区立中学で、都立高校の推薦入試に不合格になった女子生徒が、肩を落として担任に言った。『先生、私には、ついてなかったんですね』生徒の成績はオール5。学力面で、これ以上の評価はない。だが、この生徒の内申書（調査書）には『マル特』と呼ばれる『特記事項』がついていなかった。都の内申書は、各教科の評定に加え、『教科の学

習活動』『特別活動等』『その他の活動』の3種類の特記事項があり、1つは該当すれば4点、2つで6点、3つで8点が加算される。ところが、『マル特』がつけられる生徒は都の入試要綱規定で受験者の2割まで。みんなについたらその分『差』がつかないからだ。志望校に内申書がやや足りないと思われる生徒に『マル特』記述を回し、かさ上げ調整することがある。それによって『マル特』がつかなかった子が落ちるという見込み違いも起きる。この生徒がそうだ。」(1996年6月15日 毎日新聞)

 その結果もあるのか、1994年を境に中学校での生徒間暴力事件が93年の2,400件から96年には、4,700件へと、2倍に増加して、その後も増え続けている。
 98年1月28日に栃木県の公立黒磯北中学校で、遅刻を咎められた中学1年生の男子生徒が教室前の廊下で持っていたナイフで女性教師を刺し、女性教師が死亡する事件があった。その後の、朝日新聞群馬版(1998年3月17日)の「中学生はなぜナイフを持つのか 県の中学生に聞く(Kids)」欄には、

　　「内申書はすごいストレス。毎日、監視されてるみたい。宿題を少し忘れても、後で響いてくるのかなって思ってしまう。先生に本音が言えない。先生にミスがあっても言わずに我慢することもある。会社じゃないから僕たちはクビにはならないけど、先生の機嫌は損ねないようにしている」(中学2年男子)「2年生になって、中学校は高校につながる場所だと強く感じるようになった。先生に良い面を見せていないと内申書が悪くなるから、悪いことはしない。失敗したときとか、遅刻したとき、内申書に響くのかなと思う」(中学2年女子)

という中学生の声とともに、支局に届いた1通の中学3年生による手紙

　　「一番の問題点は推薦入試制度と内申書にあると思います。中学生は学校生活で何か疑問があっても、それを自分の心に閉じこめ、日々、先生

の気に入られるように努力しています。内申書のためだったら嫌だと思っても委員会、部活、掃除、給食当番など完ぺきにこなします。友だちにだって本音を言ったらいじめられるから、人づきあいの良い子を演じ、先生に対しても友だち関係は問題ないとアピールします。家に帰ると親に『勉強、勉強』と言われ続け、またいい子を演じ続けます。中学生は大人には計り知れないくらい追いつめられているのです。それでも我慢して我慢して、これ以上我慢できなくなったときに大爆発してしまうのです。公立高校の普通科で推薦制度をとることに何の意味があるのでしょうか。型にはまった作り物のいい子たちばかり増やして、何のための学校でしょうか。私たちの見えない悲鳴に気づいて下さい。私たちはキレる寸前です。1日も早く無意味な推薦制度と内申書の悪用をやめて下さい」

を紹介している。

　1988年11月には文部省は、それまで学力試験か内申書によって行われていた入学者選抜を、面接のみで行うことを可能にするよう学校教育法施行規則を改正する方針を固めた（1998年11月6日　読売新聞）。また、2000年5月27日の朝日新聞は、「内申考え、表ではいい生徒」（暴発　少年事件が映すもの：下）の中で、

　　「4年前、東京都内にある不登校相談施設を中学3年生の男子が訪れた。厳格な塾経営者の父親のもとで育ち、熱心に運動部で活動するまじめな子だった。きっかけは、テスト結果を見せるように父に命じられたことだった。出し渋ると、『見せないなら出ていけ』と怒鳴られた。家を飛び出し、学校の窓ガラスを割った。後輩を呼び出して、殴ってけがをさせた。この後、学校に行けなくなった」、
　　「カウンセリングをした臨床心理士の高橋良臣さんは『発散できないストレスを抱えた子どもは不登校になるか、いじめや非行に走るケースが多い。隠し通してもプライドが傷つけられるなどして、一気に噴き出

すこともある』と話す」

と、ストレスを抱えた子供が何かの問題を起こし、内申書が悪くなることで、将来を絶望して、不登校になったり、爆発して人を傷つけることになる可能性を報じている。

2 内申書も絶対評価に

1996年の中央教育審議会の「21世紀を展望した我が国の教育の在り方について」第1次答申で、「生きる力」を教育の目標として提示した。この答申を受けて、教育課程審議会の2000年12月の答申「児童生徒の学習と教育課程の実施状況の評価の在り方について」では、「第1章 評価の機能とこれからの評価の基本的な考え方」の中の「第2節 これからの評価の基本的な考え方」の「2 目標に準拠した評価及び個人内評価の重視」で、

(1) 新しい学習指導要領においては、自ら学び自ら考える力などの「生きる力」をはぐくむことを目指し、学習指導要領に示された基礎的・基本的な内容の確実な習得を図ることを重視していることから、学習指導要領に示す目標に照らしてその実情状況を見る評価(いわゆる絶対評価)を一層重視し、観点別学習状況の評価を基本として、児童生徒の学習の到達度を適切に評価していくことが重要となる。現行の学習指導要領及び指導要録の下での評価の1つの特徴は、集団に準拠した評価(いわゆる相対評価)ではなく、目標に準拠した評価である観点別学習状況の評価を基本に捉えていることであるが、新しい学習指導要領の下では、この考え方を一層発展させていくことが重要である

と、絶対評価を採用することを述べている。その具体的な方法については、「4 評価方法の工夫改善」で、

(1) 全人的な力である「生きる力」の育成を目指す新しい学習指導要領の

下では、児童生徒の学習状況を、単一の時期や方法によって評価するのではなく、各教科、道徳、特別活動及び総合的な学習の時間のそれぞれの教育活動の特質や評価の目的に応じ、評価方法、評価の場面や時期などについて適切な方法を工夫し、それらの積み重ねによって児童生徒の成長の状況を総合的に評価することが一層重要である。
　そのため、第1に、評価を、学習や指導の改善に役立たせる観点から、総括的な評価のみではなく、分析的な評価、記述的な評価を工夫すること、第2に、評価を行う場面としては、学習後のみならず、学習の前や学習の過程における評価を工夫すること、第3に、評価の時期としては、学期末や学年末だけでなく、目的に応じ、単元ごと、時間ごとなどにおける評価を工夫すること、第4に、具体的な評価の方法としては、ペーパーテストのほか、観察、面接、質問紙、作品、ノート、レポート等を用い、その選択・組合せを工夫すること、などが求められる

などと、説明している。また、内申書については、「第2章 指導要録の取扱い」の「8 高等学校入学者選抜の調査書の取扱い」で、

　　これまで、高等学校の入学者選抜については、単に学力の評価に重点が置かれるのではなく、生徒の多様な能力、適性等を多面的に評価できるよう、各都道府県教育委員会等において受験機会の複数化や面接、作文、小論文等の活用など、選抜方法の多様化や評価尺度の多元化のための取組が行われている。調査書についても、例えば、観点別学習状況の記載や学習の記録以外の諸活動の積極的な評価などの改善が図られているが、指導要録の評価の考え方を踏まえ、各都道府県教育委員会等において、その在り方の検討を進める必要がある。今後、評価の客観性、信頼性を高める取組を一層進めることにより、調査書の評定を目標に準拠した評価とするための努力が行われることを期待したい

と、やはり、絶対評価とするべき、努力をするようにという記述がなされて

いる。

こうして、2002年からは、内申書の評点も絶対評価に改められ、学力評価が観点別評価、すなわち、生徒の「関心・意欲・態度」「思考・判断」「技能・表現」「知識・理解」のそれぞれにも成績をつけ、それを基礎として、教科の評点とする方式が採用された (**図1-5**)。

この方式は1つの教科の達成度を4つの観点から評価して、その合計をその教科の点数とするものである。テストの成績は、4つの観点の1つでしかなく、評点の4分の3は手を上げた回数など、あるいは、教師による主観でつけられる。

進学塾の市進学院が、中学3年生12,000人を対象として行った調査では、学校の通知表の英語で5をとった生徒の中で、模試の成績が偏差値50を下回る

	必修教科		国語	社会	数学	理科	音楽	美術	保健体育	技術・家庭	英語	※		選択教科		
学習の記録	第1学年	評定												学年	教科名	A・B・C
	第2学年	評定													国語	A・B・C
	第3学年	観点別学習状況 Ⅰ													社会	A・B・C
		Ⅱ													数学	A・B・C
		Ⅲ													理科	A・B・C
		Ⅳ													音楽	A・B・C
		Ⅴ													美術	A・B・C
		評定						※			※	※			保健体育	A・B・C
											※				技術・家庭	A・B・C
				※						※					英語	A・B・C
																A・B・C
																A・B・C
	総合的な学習の時間 (第3学年)															A・B・C
																A・B・C
																A・B・C
																A・B・C
行動の記録	項目															
	第1学年															
	第2学年															
	第3学年															

図1-5　内申書の主要部分 (2003年)

生徒が13.5％いて、5教科がオール5でも偏差値50未満という生徒が2.3％いたという（読売新聞 2006年1月14日）。一方、先生に嫌われると勉強ができても5をもらえない。このような評価システムに基づいて内申書が高校進学の判定で用いられるため、中学生の子どもが受けるストレスは大きい。

AERA（2006年5月15日号）には、次のような記事が出ている。

　「都内23区在住のAさん（46）はこの春の娘の高校入試で、内申に振り回された。もともと数学が得意な娘は、定期テストでは常に100点満点近くを取ってきた。しかし、5がついたことがない。いまの評価制度では、定期テストだけで成績は決まらない。日々の授業態度、ノートをきれいに取るか、手を挙げる回数、提出物がすべて出ているか、あらゆることが評価の対象になる。人前で発言することが苦手なのが響いたのか。」

　「娘は体育も得意のはずだった。授業でも結果を出しているし、運動会ではリレーなどで活躍。区の陸上大会でも上位に入った。それでも体育は3。」

3　次期指導要領決まる

1990年代後半からのゆとり教育批判を受けて、文科省も、これまで削減し続けてきた教科内容を、復活する方向に、方針転換をし始めた。

そして、2008年2月15日に小中学校の学習指導要領の改訂案が公表された。

読み・書き・計算の充実とともに、理数教科も重視され、道徳教育の充実も盛り込まれた。

国語では漢字は「文しょう」というような交ぜ書きをやめ「文章（ぶんしょう）」とルビをつけることで、早い学年から漢字に慣れさせることになった。古典の指導を充実し、古文・漢文の暗読を重視している。

算数は、足し算、引き算、掛け算、割り算の計算、小数、分数の計算などを、現行より早い学年で導入して、繰り返し学ばせるようになった。小数の足し算・引き算を学ぶのは小学校4年から3年に早まり、分数は30年ぶりに、

小学2年から学ぶ。1998年の指導要領の改訂で削除された、小学校算数の面積の単位アール (a)、ヘクタール (ha) や台形の公式は小学校4年と5年で復活し、第1位までとしていた小数の計算は、第2位以下の計算も扱うようになっている。中学の数学では、現行では高校に移された統計が復活し、やはり移行していた二次方程式の解の公式は中学3年に復活した。

　しかし、文部科学省が作成し、各学校に配布した学習指導要領改訂についての保護者用パンフレットの表紙では、「『理念』は変わりません『学習指導要領』が変わります」と強調されている。「生きる力」と言いかえてはいるが、理念とは「新学力観」のことであろう。

　今回の指導要領の改訂においても、教員が関心・意欲・態度を点数化して、生徒の各教科の点数をつけるという主観的評価（絶対評価）は見直されなかったのである。

文献
澤田利夫, 1991,「数学教育の国際比較」『国立教育研究所紀要』119集.
中曽根康弘, 2004,『自省録』新潮社.

2章　発達心理学から見た望ましい
　　　カリキュラムと教育評価

　　　　　　　　　　　　　　　　　　　子安　増生

1節　はじめに

　本章は、「混迷する評価の時代──教育評価の前提を問う」という本書のテーマに沿って、筆者の専門である発達心理学の観点から、望ましいカリキュラムと教育評価のあり方について論ずるものである。その際、わが国の学校教育の現状と今後のあるべき姿を考えるというところに論点を置く。すなわち、わが国の学校教育における現状をどのように評価するかについての観点をまとめ、その上で特に初等教育の問題に論点をいくぶん限定して論ずる。

　カリキュラム (curriculum) は、教育行政用語としては「教育課程」と呼ばれ、小学校から大学院に至るまでの学校において、定められた修業年限の期間に、各教科・科目について年間の時間割を配当したものである。これは、小学校から高等学校までは学習指導要領（幼稚園では幼稚園教育要領）において具体化されている。ただし、学習指導要領の実際的影響力は、国公立の学校ではたいへん強いが、私立学校ではあまり強いとは言えない。

　小学校学習指導要領の総則の最初の部分には「各学校においては、法令及びこの章以下に示すところに従い、児童の人間として調和のとれた育成を目指し、地域や学校の実態及び児童の心身の発達段階や特性を十分考慮して、適切な教育課程を編成するものとする。学校の教育活動を進めるに当たっては、各学校において、児童に生きる力をはぐくむことを目指し、創意工夫を生かし特色ある教育活動を展開する中で、自ら学び自ら考える力の育成を図るとともに、基礎的・基本的な内容の確実な定着を図り、個性を生かす教育

の充実に努めなければならない」と書かれている。中学校学習指導要領の総則の同じ部分には、「児童」が「生徒」に変わる他は同文が書かれている。高等学校の場合は、それに加えて、「地域や学校の実態、課程や学科の特色、生徒の心身の発達段階及び特性を十分考慮して」となっている点のみが変更されている（下線は差異を示すため筆者が引いたもの）。小中高いずれも、「心身の発達段階や特性を十分考慮して」という文言があるが、ここに発達心理学から検討すべき事項が多く含まれていると言えよう。

　教育評価 (educational evaluation) は、有斐閣『心理学辞典』の当該項目の冒頭部分において、「教育目標がどの程度達成されたかを知るために、教師や教育関係者が教育環境条件、教育課程 (カリキュラム)、指導方法、教育成果などについて調査し報告する活動を教育評価という。一般には、教師が学習者にテストなどを実施して、その成績結果を知らせることが教育評価であると理解されているが、それは教育評価の一つの側面にすぎない。教育評価とは、教育活動全般に対して実施される、教育活動を改善するために必要な評価の過程全体をいう」と定義されている。なお、この項目を書いたのは本章の筆者自身である。

　以上の定義に示されるように、教育評価は、学級活動における授業の成果の評価というミクロ・レベルから、一国の教育制度を評価するマクロ・レベルに至るまで、様々なレベルにおいて行われるべきものである。

　本章では、まずわが国の教育の現状について検討するマクロ・レベルの教育評価の論点を整理し、学習指導要領総則のいう児童・生徒の「心身の発達段階や特性を十分考慮」するためにどんなことが重要かを検討する。

2節　わが国の教育の現状についての評価

　わが国の教育についての議論は、とりわけ学力低下問題を中心に喧しい(例えば、西村 2001;市川 2002;中井 2003;神永 2008 などを参照)。最近では、OECD (経済協力開発機構) による国際的規模の学力比較調査である生徒の学習到達度調査 (Programme for International Student Assessment)、いわゆる「PISA」調査の結果

がよく引き合いに出される。PISA調査は、OECD加盟国の多くで義務教育修了段階にある15歳の生徒を対象に、読解力、数学的リテラシー、科学的リテラシー、問題解決などの到達度を調査するものであり、第1回調査は32か国の生徒を対象に2000年に実施され、以後3年ごとに調査が行われ、第2回2003年(41か国対象)、第3回2006年(56か国対象)の調査結果が公開されている(国立教育政策研究所 2002, 2004, 2007)。3回のPISA調査の結果の推移がわが国の生徒の学力低下傾向を示すものかどうかについては両論があるが、PISA調査は長期的調査であるからこそ、その結果を長期的に見守っていくことが重要である。

　PISA調査を実施してきたOECDはOrganisation for Economic Co-operation and Developmentの略称であり、1948年のOEEC(欧州経済協力機構)を前身とし、先進国間の自由な意見交換・情報交換を通じて経済成長、貿易自由化、途上国支援に貢献することを目的として1961年に発足(本部はフランスのパリ)、わが国は1964年に加盟国になった。現在、OECD加盟国は以下の30か国である。

(1) EU加盟国19か国：イギリス、ドイツ、フランス、イタリア、オランダ、ベルギー、ルクセンブルク、フィンランド、スウェーデン、オーストリア、デンマーク、スペイン、ポルトガル、ギリシャ、アイルランド、チェコ、ハンガリー、ポーランド、スロバキア。

(2) その他11か国：日本、アメリカ合衆国、カナダ、メキシコ、オーストラリア、ニュージーランド、スイス、ノルウェー、アイスランド、トルコ、韓国。

　OECDは、1992年以来、加盟国を中心とする各国の教育機関の教育・学習の効果、教育への支出と人的資源、教育機会・在学・進学の状況、学習環境と学校組織などについて国際比較が可能な最新のデータをとりまとめて *Education at a glance* として公表しており、2002年版からはその日本語版『図表でみる教育 OECDインディケータ』も出版されている(本章では、経済協力開発機構(OECD) 2004, 2007を参照した)。これは、いわゆる先進工業諸国を中心とする国々の間での比較調査であるが、それゆえにわが国の教育を考える

上で参考になるデータが数多く含まれていると言えよう。以下には、この Education at a glance のデータと要約に基づいて、わが国の教育の現状を考えてみる。その際、主に利用したのは、直近の3年間である2005〜2007年版であり、引用はその日本語概要から行った (http://www.oecd.org の Directorate for Education のページを参照した)。項目を取捨選択して配列し見出しを付ける作業は筆者が行ったが、各項目の表現内容は基本的に原文のままである。また、項目ごとに Education at a glance の何年版からの引用であるかを末尾にカッコ書きで示した。なお、金額については全て米ドルで換算してある。

【国の教育支出】

　OECD加盟国の教育支出のGDP (Gross Domestic Product; 国内総生産) 比は、トルコの3.7％からアイスランドの8％まで幅があり、平均で5.9％である。OECD加盟国の平均的な生徒1人当たり年間教育支出は、初等教育で5,450ドル、中等教育で6,962ドル、高等教育で1万1,254ドルである。OECD加盟国は、理論的には、初等教育と中等教育で生徒1人当たり平均7万7,204ドル支出している。この総額はメキシコ、ポーランド、スロバキア、トルコ、ブラジル、チリ、ロシアの4万ドル未満からオーストリア、デンマーク、アイスランド、イタリア、ルクセンブルク、ノルウェー、スイス、米国の10万ドル以上まで幅がある。高等教育レベルでは、提供されているコースが多岐にわたるので比較するのは非常に難しい。例えば、日本の高等教育の学生1人当たり年間支出はドイツとほぼ同じである (日本1万1,556ドル、ドイツ1万1,594ドル)。しかし、高等教育の平均的な期間はドイツの5.4年に対し日本は4.1年であり、高等教育の学生1人当たり累積支出はドイツの6万2,187ドルに対し日本は4万7,031ドルにすぎない。〔2006年版〕

【教育の私費負担】

　教育の私費負担の重要性が増している。平均すると、OECD諸国は公的支出全体の13.4％を教育機関に投入しているが、その比率はチェコ、ドイツ、ギリシャ、イタリア、日本の10％未満からメキシコ、ニュージーランドの20％以上まで幅がある。高等教育向け支出の約24％、就学前教育向け支出

の20％が私費負担によるものであった。〔2007年版〕

　高等教育の私費負担の割合は、デンマーク、フィンランド、ギリシャ、ノルウェーの4％未満からオーストラリア、日本、米国の50％以上まで幅がある。韓国は、80％以上の教育支出が私費によって負担されている。〔2005年版〕

【教育制度の効率性】

　OECD諸国全体での教育支出のGDP比は6.2％であり、各国は教育制度の効率性を重視し始めている。OECD諸国の初等・中等教育関連の支出は生徒1人当たり平均8万1,485ドルで、メキシコ、ポーランド、スロバキア、トルコの4万ドル未満からオーストリア、デンマーク、アイスランド、ルクセンブルク、ノルウェー、スイス、米国の10万ドル以上まで幅がある。生徒1人当たり支出が少ないからといって必ずしも学力が低いわけではない。例えば、韓国とオランダの累積支出はOECD平均以下であるが、両国は2003年のPISA調査で成績最上位グループに入っている。〔2007年版〕

【教育の経済効果】

　教育の大半は公的支出により賄われているが、様々な調査によれば、この資金は有効に使用されていると言える。OECD地域では、教育年数が1年延びた場合のGDPへの長期的影響は総じて3～6％と推計される。経済成長率の原因分析によれば、1994～2004年の大半のOECD加盟国の1人当たりGDP成長率の半分以上は、労働生産性の上昇によるものである。生産性の上昇の全てが教育によるものではないが、人的資本を測る目安としてリテラシーを用いた調査によれば、リテラシーの成績が国際平均より1％高い国は、労働生産性と1人当たりGDPの水準が他の国よりそれぞれ2.5％、1.5％高い。〔2006年版〕

【教育の投資効果】

　個人にとっても教育は健全な投資である。初等教育と大部分の中等教育が義務教育とされていることを考えると、「投資の決定」は一般にその後の教育段階に進学するかどうかにかかわる。「成績インフレ」や卒業資格の価値の目減りが広く言われているにもかかわらず、大学レベルの学位を取得するための投資は、初期教育の一環として行われる場合には、全ての国の平均で

年8％以上、最高で年22.6％もの個人的な見返り（将来の収入見込みと個人的な勉学費との比較から算出）をもたらすことができる。多くの国の分析によれば学歴の高さと精神的・肉体的健康状態には正の相関関係があるので、大きな間接的メリットもある。しかし、教育は男女の所得格差を解消するものではない。同じ学歴の場合、女性の収入は通常、男性の収入の50〜80％にとどまっている。〔2006年版〕

【教員の給与と仕事量】

勤続15年の初等教育と前期中等教育の教員の場合、給与の1人当たりGDP比が低いのはハンガリー（0.91）、アイスランド（0.69）、ノルウェー（0.87）、ポーランド（0.83）、イスラエル（0.73）、高いのは韓国（初等教育で2.37、前期中等教育で2.36）、メキシコ（前期中等教育で2.09）、トルコ（初等教育で2.44）である。後期中等教育全般でこの比率が最も低いのはノルウェー（0.87）、ポーランド（0.83）、アイスランド（0.94）、イスラエル（0.73）である。〔2006年版〕

公立校（筆者註：ここでは中学校相当の学校）の年間授業時間は平均で704時間であるが、メキシコと米国の1,000時間強から日本の534時間まで幅がある。授業時間の年間配分方法も大きく異なる。例えば、教員の労働時間は1学年42週制のデンマークより1学年36週制のアイスランドの方が長い。ただし、教員の仕事量には授業の準備や採点、課外活動などに費やされる膨大な時間も含まれるので、授業時間は教員の仕事量を測る1つの目安にすぎない。〔2006年版〕

【授業時間数】

OECD加盟国の生徒は7歳から14歳までに平均で6,847時間の授業を受ける。内訳は7〜8歳で1,570時間、9〜11歳で2,494時間、12〜14歳で2,785時間である。国語、算数・数学、理科が必修授業時間に占める割合は、OECD加盟国平均で、9〜11歳の生徒は約50％、12〜14歳の生徒は41％である。9〜11歳児の場合、必修カリキュラムに占める国語の割合は、オーストラリア、チリ、イスラエルの13％以下からフランス、メキシコ、オランダの30％まで国により大きな開きがある。外国語の授業時間もオーストラリア、イングランド、日本、メキシコの1％以下からルクセンブルクの21％まで大

幅に異なる。〔2006年版〕

【学級規模】
　少人数ほど成績がよいとは限らない。結果からすると、教員1人当たり生徒数と成績の間に単純な相関関係は見られない。前期中等教育段階の1クラスの生徒数は日本、韓国、メキシコ、ブラジル、チリ、イスラエルでは30人以上であるのに対し、デンマーク、アイスランド、ルクセンブルク、スイス、ロシア連邦では20人以下であるが、PISA調査で数学の最上位成績者グループに入っている生徒の比率は、日本の8.2％に対してルクセンブルクでは2.7％にすぎない。〔2006年版〕

【格差の再生産】
　裕福な生徒と裕福でない生徒の競争条件を平等にすることは、単に公平の問題ではなく、高度熟練労働者の厚みを増し、労働力全体の競争力を高める手段でもある。多くの国では、高等教育修了者の父親を持つ生徒の方が高等教育進学率は大幅に高い。高等教育への進学で最も公平なのはアイルランドとスペインであり、対して、オーストリア、フランス、ドイツ、ポルトガルでは、労働者階級家庭の生徒の高等教育進学率はその人口比が示唆する比率の約2分の1にすぎない。〔2007年版〕

【男女の学歴格差】
　男女の学歴格差は女性上位へとシフトしている。55～64歳人口では、平均就学年数による学歴が女性が男性を上回っている国は3か国にすぎないが、25～34歳人口では、平均修了学業年数はOECD加盟30か国中20か国で女性の方が男性より学歴が高く、残り10か国でも男性の方が女性より0.5年以上長いのは2か国（スイスとトルコ）のみである。後期中等教育卒業率は、OECD加盟国22か国中19か国で女性の方が男性より高い。デンマーク、フィンランド、アイスランド、アイルランド、ニュージーランド、ノルウェー、ポーランド、スペイン、ブラジルでは、女性の卒業率は男性より10ポイント以上高い。〔2006年版〕

【移民の子弟の教育】
　外国からの移民は大半のOECD諸国で主要な課題となっており、どうす

れば移民をうまく社会や労働市場に統合できるかということについて様々に議論されている。PISA は、移民家庭出身の15歳児の学業成績を評価することで、この論争に重要な新視点を提供している。特に欧州は将来、教育制度について深刻な課題に直面することが明らかである。移民人口の多い OECD14か国で、移民第1世代の生徒は移民でない生徒より PISA の数学調査で平均48点(1学年以上の進度に相当) 低い。移民第2世代の生徒でも成績は40点低い。〔2007年版〕

　以上が *Education at a glance* からの要約のまとめである。では、この結果をどのように読み取ればよいのであろうか。
　まず、国の教育支出に関してみると、OECD 加盟国の GDP に対する教育支出割合の平均は5.9％であるが、わが国は4.8％と平均よりかなり低い値である (2003年度)。ただし、国や GDP の規模を無視した比較には多少問題があるので、GDP が世界2位の日本を同1位のアメリカや同3位のドイツと比較しておく必要がある。その結果、わが国の教育支出の GDP 比4.8％は、アメリカ(7.5％)は言うまでもなく、OECD 加盟国の平均以下であるドイツ(5.3％)と比較しても低いのであり、確かに低い数字と言える。
　この問題に関して、2008年5月に渡海紀三朗文部科学大臣（当時）が「現在 GDP 比3.5％の教育費を今後10年間で OECD 平均の5.0％に引き上げるべきだ」と主張したが (渡海大臣のいう「GDP 比3.5％」は上記の GDP 比4.8％のうちの政府負担部分のみを指している)、財務省は欧米各国についての詳細なデータを盛り込んだ反論書を公表し、「生徒1人当たりの教育費で見ると、日本は主要先進国と遜色がなく、数値目標を掲げるなら、予算の投入量ではなく、教育による成果にこそ適用すべきだ」と批判したとされる (毎日新聞 2008年5月13日付)。
　このように我が国の教育支出の GDP 比が低い水準であるとしても、OECD 平均値を政策の数値目標にすることは適切ではない。その理由は、第1に、GDP 比が高い国々の中には、教育の効率化をはかるためにむしろ教育費の削減に努めており、今後平均値自体が流動的に変化していくということがあ

る。第2に、各国の教育事情は様々であり、教育格差の再生産を緩和するという問題を抱える国や、移民の子弟の教育に重点的に多額の予算を投入する必要のある国も存在する。また、上に引用したように、「学級規模は少人数ほどよいとは限らず、教員1人当たり生徒数と成績の間に単純な相関関係は見られない」というデータは、教育の効率性とその前提条件が国によって多様であることを示唆している。第3に、収穫逓減の法則（law of decreasing returns）という問題がある。すなわち、すでにある程度の資金を投入しているところに新たに資金をつぎ込んでも、1次直線的にその効果が期待できるわけではない。すなわち、教育費を1.5倍にしたからといって、教育成果がこれまでの1.5倍になることは期待できない。効果を上げるためには、新しい教育事業の創出が必要となるであろう。

では、わが国は教育費の負担と支出の構造に関して、今後どのような点に配慮していけばよいのであろうか。上記の *Education at a glance* の要約のまとめを参考に、ここでは3点について考えよう。

(1) 教育の経済効果と投資効果は、確かに認めうることが示されている。すなわち、教育年数の延長は、その国の労働生産性を高め、長期的にはGDPを押し上げる効果を持つ。また、大学レベルの高等教育進学への個人的投資は未だにそのプラスの効果が期待できる。この結果、OECD加盟国では、高等教育への進学率は高まる方向に推移してきた。しかし、問題はその投資を誰が担うかである。上述のように、「高等教育の私費負担の割合は、デンマーク、フィンランド、ギリシャ、ノルウェーの4％未満からオーストラリア、日本、米国の50％以上まで」幅が広い。すなわち、わが国は高等教育の私費負担の割合が極めて高い国に属する。かつて高等学校卒業で就けた職業が現在では大学卒業でないと就けず、かつて大学卒業者にできた仕事が現在は（特に理・工・農学系などでは）大学院修士課程修了を実質的な要件としている。また、薬科大学・薬学部における薬剤師養成のための期間は、平成18年度から6年制に延長された。このように教育年数の延長が生じ、しかも奨学金制度が充実していないとなれば、高等教育の経費負担はひとえに教育を受ける個人およびその家庭に重くのしかかることになる。「高等教育の平

均的な期間はドイツの5.4年に対し日本は4.1年であり、高等教育の学生1人当たり累積支出はドイツの6万2,187ドルに対し日本は4万7,031ドルにすぎない」と言われても、決して喜べない状況である。国民の教育年数の延長が社会にとっても個人にとっても確実な投資効果があるのであれば、その投資を援助するような奨学金制度が不可欠である。

(2) 教育の投資効果についてのもう1つの重要な問題は、その男女差(gender difference) である。「男女の学歴格差は女性上位へとシフトしている」にもかかわらず、「教育は男女の所得格差を解消するものではない。同じ学歴の場合、女性の収入は通常、男性の収入の50～80％にとどまっている」ことが示されている。このこと自体は、教育の問題というより社会全体の問題であると言うべきかもしれない。教育の問題としてわが国が考えるべきことは、女性の大学教育機会の拡大である。

筆者は、1994～1995年に英国オックスフォード大学の客員研究員として10か月間滞在した。その時に受けた印象の1つに、女性の学生・大学院生の多さがあった。オックスフォード大学は、11世紀創設の英国最古の大学で19世紀までは男性のみの大学であったにもかかわらず、現在は女性の入学・在籍比率が高いのである。オックスフォード大学が公表している最新の学事統計 (www.ox.ac.uk から入手できる『ガゼット』No.4851) によれば、2007年12月時点のフルタイムの学生数は、学士課程では11,337人のうち男性6,020人、女性5,317人であり、大学院生も含む全てのフルタイムの学生数では18,798人のうち男性10,051人、女性8,747人である。英国の大学は概して工学部門がたいへん小さく、オックスフォード大学も同じ特徴を持っているのであるが、それにしても女性が約47％を占めている。ちなみに、筆者が在籍した1994年の統計を見ると、学士課程10,462人のうち男性6,189人、女性4,273人、大学院生も含む全ての在学生では14,738人のうち男性8,910人、女性5,828人であった。学生数自体がこの13年間に増えているが、特に女性の伸び率が高いことが分かる。

アメリカの名門ハーヴァード大学は、「理数系の分野で活躍する女性が少ないのは、男女に生まれつきの違いがあるから」という意味の性差別的な発

言をして批判されたローレンス・H・サマーズ学長の後、2007年に女性のドゥルー・G・ファウスト学長が誕生して話題になった。そのハーヴァード大学の現在の男女比は、ほぼ半々である。ハーヴァード大学が発行する『ハーヴァード・ファクトブック2007-2008』によれば、2007年10月時点の在学生は、学士課程では6,648人のうち男性3,320人、女性3,328人であり、大学院も含む全ての在学生では19,955人のうち男性10,281人、女性9,674人となっている。

　筆者の勤務する京都大学の学事統計を引くと(ホームページの『データで見る京都大学』参照)、2007年5月時点の在学生数は、学士課程では13,216人のうち男性10,453人、女性2,763人であり、大学院課程では4,697人のうち男性3,611人、女性1,086人となっていて、統計的検定にかけるまでもなくオックスフォード大学およびハーヴァード大学とは有意差がある。筆者は、女性入学率を高めるようなアファーマティヴ・アクションの類には賛成しないが、女性が進学志望動機を強めるような大学の環境整備や、インセンティヴを高めるための措置に教育費を使うべきであると考えている。

(3)　教育の投資効果について、もう1つだけ論点を取り上げる。教育を支える重要な柱の1つは教師であることは言うまでもない。そして、教職が様々な意味で魅力のある職業であることは、教育の発展にとって不可欠である。

　職業の魅力の源泉の1つが給与水準であることは言うまでもない。OECDの指標では、教員の給与を比較する際の1つの基準として、勤続15年の教員の給与を1人当たりGDP比で表す手法を取っている。OECDの平均値は初等教育1.30、前期中等教育1.32、後期中等教育1.42である。わが国の教員の場合どの学校でも1.55で平均を上回っている。教員の待遇が低いことで知られているアメリカ合衆国は、それぞれ1.00、1.01、1.01と確かに給与が低い。他方、ドイツはそれぞれ1.63、1.67、1.80とかなり高い。だが、これはあくまでも勤続15年時点の給与であって、最高給は日本がドイツよりもずっと高くなる。したがって、生涯賃金では日本の教員の給与は相対的に悪くないであろう。

　次に教員の勤務時間についてである。年間授業時間は、教師の勤務時間の

重要な一部であるが、わが国の教員の年間授業時間は、小学校648時間（OECD平均805時間）、中学校534時間（平均704時間）、高等学校466時間（平均663時間）であり、平均よりはるかに少ない。しかし、OECDの報告にもあるように「教員の仕事量には授業の準備や採点、課外活動などに費やされる膨大な時間も含まれるので、授業時間は教員の仕事量を測る1つの目安にすぎない」のである。わが国の教員の年間授業時間は短いとされるが、逆に「法定の年間労働時間数」は小学校、中学校、高等学校とも1,960時間であり、OECD平均が1,690〜1,698時間であることと比べるとはるかに長く、統計のあるOECD諸国の中では最長である。教師にとってある意味で最も重要な授業時間が少なく、しかし勤務時間が長いという状況は、幸せな状態と言えるだろうか。教育予算増大の必要性が語られるとき、少人数学級が重視されがちだが、上述のようにOECDは「学級規模は少人数ほどよいとは限らず、教員1人当たり生徒数と成績の間に単純な相関関係は見られない」というデータを出している。教育予算増大は、教員を増やして少人数学級化に拍車をかけるよりも、教師の仕事をより魅力的にするために使う方がよいだろう。教師が学校管理の仕事にあまりにも多くの時間を費消させられている現状を調査し、その改善のために各種の専門家を雇用する方向で教育予算を使うべきではないだろうか。

3節　発達心理学からカリキュラムと評価を考える

　カリキュラム（curriculum）は、日本語では「教育課程」と訳されるが、英語のcourseと同じく「走る」を意味するラテン語currereを語源とし、「走路」「行程」がその基本的な意味である。学校教育における教師は、児童・生徒に走る道を示す指南役であり、走り方を教えるコーチであり、時にペースメーカーとして一緒に走る伴走者である。熟練の教師は、どこが児童・生徒にとって走りの難所であるかを心得ている。また、どこが難所であるかは、児童・生徒の発達段階や個性に応じて変わりうることも分かっている。

　しかし、教師はこの世のありとあらゆる道に通じているわけではない。1

人の教師がカバーできる走路・行程は限られている。教師が担当する教育課程の範囲は、わが国では学習指導要領の定める教科・科目 (subject) によって規定されている。現行の学習指導要領では、小学校の教科は「国語、社会、算数、理科、生活、音楽、図画工作、家庭、体育」の9教科、中学校の教科は「国語、社会、数学、理科、音楽、美術、保健体育、技術・家庭、外国語」の9教科であり、「科目」に当たる分類はない。また、「道徳」は教科ではなく、教科以外の教育活動とされている。これに対し、高等学校では、普通教科である「国語、地理歴史、公民、数学、理科、保健体育、芸術、外国語、家庭、情報、学校設定教科」と、専門教育に関する教科である「農業、工業、商業、水産、家庭、看護、情報、福祉、理数、体育、音楽、美術、英語、学校設定教科」の2種類の教科があり、例えば「地理歴史」という教科は「世界史A、世界史B、日本史A、日本史B、地理A、地理B」という「科目」にさらに細分化されている。

　教科・科目の細分化あるいは専門化は、その教科・科目の中で体系的に教えるためには有効かつ必要な措置であるが、教科・科目を超える問題や複数の教科・科目にまたがる問題を扱いにくくする。一種のセクショナリズムが生じやすい。そこで、児童・生徒が自ら学び自ら考える力の育成を目指し、教科・科目の枠を越えた横断的・総合的な学習を行うために「総合的な学習の時間」(総合学習) が2000 (平成12) 年度から段階的に始められた。総合学習は学習指導要領において、「(1)地域や学校、子どもたちの実態に応じ、学校が創意工夫を生かして特色ある教育活動が行える時間」という幅広い理念が示されると同時に、「(2)国際理解、情報、環境、福祉・健康など従来の教科をまたがるような課題に関する学習を行える時間」という具体的な4つのテーマが例示されたため、取り扱われる内容がややもすれば上記の4つのテーマに限定して実施されてきたきらいがある。また、主要教科の年間授業時数を削減して総合学習の時間が設けられたために、総合学習は学力低下論の標的とされてきたことは否めない。

　上記の総合学習の議論の中に含まれている重要な論点に、「(1)地域や学校、子どもたちの実態に応じ」という部分がある。国全体で統一的に設定され実

施されるナショナルカリキュラム (national curriculum) に対して、地域の実態に応じた地域カリキュラム (regional curriculum)、子どもたちの実態に応じた個人 (処方) カリキュラム (individually prescribed curriculum) が考えられるとすれば、それぞれの関係をどのように調整すればよいかという問題が重要となる。第二次世界大戦後のわが国では、学習指導要領がよくも悪くもナショナルカリキュラムを形成・維持してきたが、ナショナルカリキュラムを持たない国もある。イギリスでは、サッチャー首相が「1988年教育改革法」を成立させ、それまで中央政府があまり統制してこなかった義務教育段階の公立学校のカリキュラムについて、初めて共通の履修すべき教科と教育内容を定めた。政権が保守党から労働党に移っても、ナショナルカリキュラムの大枠は「1996年教育法」および「2002年教育法」に受け継がれているという (吉田 2005)。しかしながら、イギリス自体がイングランド、ウェールズ、スコットランド、北アイルランドの4地域から構成される連合国家なので、教育制度も例えばイングランドとスコットランドではかなり異なっている。実際、OECDの教育報告書 *Education at a glance* では、イングランドとスコットランドは統計上別の国として扱われている。また、ベルギーは、北部のフラマン語圏と南部のフランス語圏は別の国名コードが割り当てられ、統計資料も別々に示される項目がある。少なくとも多言語国家や多文化国家においては、地域カリキュラムの持つ意味は大きいと言えよう。最後に、個人カリキュラムは、個人ごとに走路・行程を変えるというよりも、走り方や走るペースを変えるものであり、その意味では「個人処方カリキュラム」という方が正確であろう。

　OECDの教育報告書 *Education at a glance* の重要なポイントは、「教育段階別」に各種の統計を示している点である。ここでいう「教育段階」は、UNESCOが1997年に定め、OECDが1999年に再定義した国際教育標準分類(International Standard Classification of Education; ISCED) に依拠している。これは、教育段階を次の7つに分類するものである (中等教育以後の各段階のさらに細かな区分の説明は省いた)。

　就学前教育 (pre-primary education)：幼児を学校型の環境に導入するため、家庭と学校環境を橋渡しする、組織的教育の最初の段階。3歳以後6歳までの

子どもを対象とする。

初等教育（primary education or first stage of basic education）：初等教育は5、6、7歳のいずれかから開始され、通例4～6年間続く（OECD諸国で最も多いのは6年間）。これ以前に公教育を受けている必要はないが、実際には就学前教育を受けている子どもが多い。読み書き計算の基礎教育だけでなく、歴史、地理、理科、美術、音楽などの教科の基礎的理解をはかるものである。

前期中等教育（lower secondary or second stage of basic education）：初等教育の基本的なプログラムに続く段階。教科に焦点化された授業が専門性の高い教師によって行われる。教育の最終段階になる子どもと、次の段階の準備段階になる子どもがいる。教育年限は2～6年間（OECD最頻値は3年間）。

後期中等教育（upper secondary education）：中等教育の最終段階。より教科中心に組織され、教師の資格も高度に専門的になる。教育年限は国によって多様だが、2～5年間が通例である。

高等教育以外の中等後教育（post-secondary non-tertiary education）：後期中等教育と中等後教育の境界線上にあるもの。その教育プログラムは、内容的に高等教育とは言えない。

高等教育前期（first stage of tertiary education）：これ以前の段階よりも高度な教育内容のプログラム。最低2年間の教育年限であるが、研究資格に結び付く教育プログラムではない。上級のプログラムに進むコースと高度な技能を必要とする専門的職業に従事するコースがある。

高等教育後期（second stage of tertiary education）：研究資格に結び付く高等教育プログラム。多くの国では3年間の教育年限だが、実際の在籍期間は長くなる。

このような教育階梯は、西洋諸国やわが国では、19世紀の公教育の開始から20世紀の高等教育の発展へと段階的に進歩したが、その際例えばスイスの発達心理学者ピアジェ（Piaget, J.; 1896-1980）の発生的認識論（épistémologie génétique）などの発達理論がその後押しをした。ピアジェは、子どもの認識の発達段階を次の4期に分けたことで知られる（ピアジェ 1969）。

感覚 – 運動期（sensori-motor period）：誕生からおよそ2歳頃までの時期をいい、

通常は学校教育の対象とはされない。「感覚‐運動」というのは、新生児反射がその典型例であるが、刺激と反応の間に表象や言語がほとんど介在せずに結び付いた状態を指している。目の前にないものを頭の中に再現したものを表象（representation）というが、表象そのものが形成されるまでの時期である。

前操作期（preoperational period）：2歳頃から7歳頃までをいう。子どもは2歳頃から話し言葉が出始め、「ごっこ遊び」や描画など、記号的機能の介在を示唆する行動が出現してくる。しかし、基本的にまだ書き言葉以前の段階であり、頭の中だけで考えることよりも実際の事物に触れる直接体験が大切な時期である。

具体的操作期（concrete operational period）：7、8歳頃から11歳頃までをいい、就学前教育から初等教育の開始期にあたる。この時期には様々な論理操作が可能になるが、まだ材料の具体性にしばられ、同じ形式の問題でも内容によってできたりできなかったりする。具体的操作期には、例えば生き物には動物と植物があるというように集合間の階層関係を理解する集合の包含（class inclusion）や、「A＞Bであり、かつ、B＞Cであるならば、A＞Cである」という関係が分かる推移律（transitivity）といった論理操作ができるようになっていく。

形式的操作期（formal operational period）：11、12歳から14、15歳にかけての時期をいう。論証の形式と内容を分け、事実についてだけでなく、可能性の問題についても論ずることや、仮説検証的な推理を行うことが可能になる。ピアジェは、特に命題の組合せ、関連要因の発見、比例概念の理解などをこの時期の発達課題として重視した（Inhelder & Piaget 1958）。

戦後のわが国では、初等教育と中等教育の分岐点を12歳に置いている。これは、形式操作の獲得期と一応対応している。しかしながら、小学校教育の現場では、11～12歳頃の時期よりも少し前の重要な発達的変化に焦点を当ててきた。学問的な専門用語ではないが、それを「9歳の壁」という（図2-1参照）。近年わが国の初等教育（とりわけ低学年）では、テストの回数は最小限にし、誰もが100点を取れるようなテスト内容にするなど、できるだ

国語：高い会話能力、作文....
算数：分数、小数....
理科：比例、電気、磁力....
社会：統計....
美術：遠近画法....
道徳：2次的他者信念....

9歳の壁

小学校低学年
・学力の個人差が見えない
・100点が取れるテスト
・学力コンプレックスなし
・自宅学習の習慣なし

小学校高学年
・学力の個人差拡大
・100点より真の「理解」
・学力コンプレックス出現
・自宅学習の習慣必要

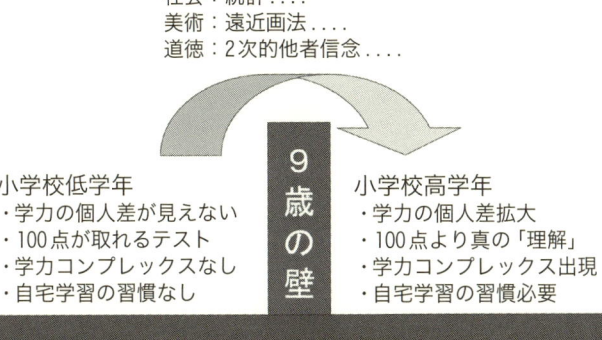

図2-1　9歳の壁

け児童間の学力格差が目立たないような配慮が行われている。したがって、低学年の間は、学力の個人差が見えにくいので学力コンプレックスがなく、他方において自宅学習の習慣も形成されない子どもが多い。ところが、小学校3年生あたりから（すなわち9歳頃から）、学校で学ぶ教科の内容が急に難しくなる。例えば、算数では分数や小数などの抽象的概念を学ばなければならない。国語教科書の文章や課題も難しくなっていく。ただ教師に言われるままに100点を取ることを目指すのでなく、授業内容の真の理解を得る必要があり、そのためには予習や復習などの自宅学習の習慣が形成されなければならない。それをしなければ学力の個人差が拡大していくので、できない子どもの中には学力コンプレックスが出現したり、学習意欲の低下や喪失が見られたりするようになる。

このような時期に、学校教育は児童にどのように対応する必要があるだろうか。第1に重要なことは、様々な教科内容の学習に対する児童の動機づけを形成・維持することである。そのためには、教師自身が様々な教科内容について深い関心と知識を持って教えることが大切である。しかし、多くの教科を教えなければならない小学校教師に対して、その全てにわたって深い関

心と知識を持って教えることを求めるのは無理な相談である。すなわち、小学校高学年（例えば5年生以上）では、算数や理科などの科目において教科専門の観点を導入することは避けられない。第2に重要なことは、教科専門の教師による指導を、学校ごとに単発的に実施するのではなく、制度的に導入して実施する必要がある。ただし、これは小学校の5、6年を切り離して中学と統合することを必ずしも意味しない。中学校では、学級担任も置かれているが教科担任制が中心となっているのに対し、小学校では学級担任制が中心となっている。一人一人の子どもに目配りをする学級担任の日常的交流が重要な役割を果たしている。学級担任制のよい面は維持しながら、算数、理科、英語などの専門性の高い教科は教科担任制を併用して実施することが大切である。そのことによって、初等教育と中等教育の連接を阻害せず、むしろその連接をスムーズにする効果が期待できる。

　最後に、発達と教育の関係について考えてみよう。図2-2に模式的に例示したように、発達と教育の間には多様な関係が成立しうる。この図では、「子ども」と「教育」の関係を表し、子どもの「発達」そのものは図示していない。

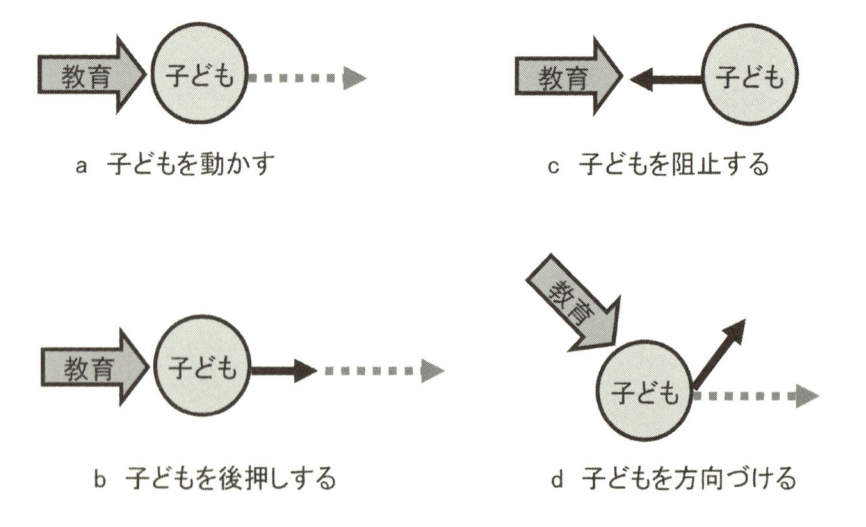

a　子どもを動かす　　　　　　　c　子どもを阻止する

b　子どもを後押しする　　　　　d　子どもを方向づける

図2-2　発達と教育の多様な関係

子ども自身が動く力と方向を実線で表し、それに対して外からの力としての教育が作用したときの子どもの動きのベクトルを点線で表している。その意味において、点線は子どもの発達の動きを表しているともいえる。

　図中 a は、何らの動きも方向性も持っていない子どもに対して、教育は一定の方向に動かす力を発揮することを示すものである。すなわち、教育は発達を誘発 (instigate) する力を発揮する。初等教育においては、それまでほぼ話し言葉だけの世界に生きてきた子どもたちを書き言葉の世界に誘わなければならない。だが、そのことがあたりまえだと思って教師が文字を教え、児童も文字を習うのだとすれば、折角の絶好の機会が生かされずもったいない。小学校で習う平仮名、片仮名と1,000字ほどの漢字がいかに豊かな世界を形成するかを、教師も児童も考えてみることが大切である。

　図中 b は、すでにある方向に向かっている子どもを教育が後押しする場合である。すなわち、教育は発達を加速 (accelerate) する力を発揮する。病気の治療の多くが患者の自然治癒力に依存するように、教育も子どもの自然な発達力に恃むところが大きい。子どもが向いている方向と教育が目指す方向が一致しているのであるから、大きな教育効果が期待できる。

　図中 c は、誤った方向に進む子どもに対して、教育がストップをかける場合である。すなわち、教育は発達を阻止 (intercept) する力を発揮する。教育目標に対して明らかに誤った方向に子どもが進んでいるとき、その歩む力が大きければ、まずその進路に立ちはだかって子どもを押しとどめなければならない。それは本来望ましいことではないし、子ども自身の思いに反することになるかもしれないが、そのことが必要な場合もある。

　最後に図中 d は、子どもが進む方向と教育が目指す方向にずれがあり、子どもの動きに対してそれを修正するような力を教育が与えるものである。すなわち、教育は発達を正しい方向に善導 (guide) する。教育は、子どもが進む力を利用して、その力の合力として結果的に正しい方向性が生まれるようにしなければならない。

　以上の模式図が示唆しているのは、教育というものは常に子どもの動きを正確に把握していなければならないということである。ここに教育評価が果

たす重要な役割がある。この問題に深い関連があるものとして、2007（平成19）年度から開始された「全国学力・学習状況調査」がある。この全国学力調査は、小学校6年および中学校3年の（原則として）全児童・生徒を対象に年度初めの4月に実施される。調査の実施内容は、教科に関する調査として国語および算数・数学の「知識」と「活用」に関する調査、および、生活習慣や学習環境等に関する質問紙調査（児童・生徒および学校に対する調査）の2種類から構成されている。また、この調査の目的は次の3点とされている（文部科学省ホームページ「全国学力・学習状況調査の概要について」）。

(1) 国が全国的な義務教育の機会均等とその水準の維持向上の観点から各地域における児童生徒の学力・学習状況をきめ細かく把握・分析することにより、教育及び教育施策の成果と課題を検証し、その改善を図る。
(2) 各教育委員会、学校等が全国的な状況との関係において自らの教育及び教育施策の成果と課題を把握し、その改善を図るとともに、そのような取組を通じて、教育に関する継続的な検証改善サイクルを確立する。
(3) 各学校が各児童生徒の学力や学習状況を把握し、児童生徒への教育指導や学習状況の改善等に役立てる。

すなわち、全国学力・学習状況調査は、学習指導要領総則の「地域や学校の実態及び児童（生徒）の心身の発達段階や特性を十分考慮して、適切な教育課程を編成するものとする」という趣旨に本来的にかなったものであるはずのものである。しかしながら、全国学力・学習状況調査は、実施そのものや方法の是非をめぐって様々な議論がある。例えば、佐藤（2008）は、標本抽出調査でなく全数調査にしたために、日本中の子どもたちを学力獲得競争に組み込んだと批判している。子どもたち自身はそれほど学力獲得競争に組み込まれたとは感じていないかもしれないが、少なくとも教育委員会、学校、教師はそのことを強く意識せざるを得ないだろう。これによって「地域や学校の実態」がより明らかになることは事実であり、その実態に対して国や地方公共団体などが必要なサポートをどのように用意するかが問われている。また、確かにこのテストによって児童・生徒の実態がより明らかになるであろうが、それぞれ小学校と中学校の最高学年でこのテストを受けるのである

から、必要なサポートを受ける時間もないまま卒業していく可能性が大きい。むしろ小中学校それぞれの中間の学年(小4、中2)で実施すべきであろう。さらに、カリキュラムと教育評価の観点から言うならば、テストする教科を国語および算数・数学に限定して行ったのは、この2教科のみが重要という誤ったメッセージを伝える危険性があり、今後は全ての教科の問題を用意し、児童・生徒はその中からランダムに割り当てられた1～2教科を受けるという方式にすれば、教育評価にとって必要な情報がはるかに豊富に得られることであろう。また、学校および児童・生徒にはどのクラスにどの教科が割り当てられるかがテスト当日にしか分からないようにしておけば、事前の特訓によって学校の成績を上げようとするような姑息で非教育的な状況もなくなるであろう。

4節　おわりに

　本章では、発達心理学の観点から、望ましいカリキュラムと教育評価のあり方について論じてきた。

　本章の前半では、OECD諸国との比較から、わが国の学校教育の現状と今後のあるべき姿を考えた。教育における資源の集中と分配の問題は、マクロな視点から論じられなければならないが、GDPに対する教育費の支出割合や、その参照点としてのOECD平均値に基づいてトップダウン的に論じることではなく、より具体的な教育政策をボトムアップ的に積み上げていく議論が重要である。

　本章の後半では、発達心理学的な視点から教育のあり方を論じた。図2-2の「発達と教育の多様な関係」においては、発達と教育の間に成立しうる多様な関係を、子ども自身が動く力と方向に対して、外からの力としての教育が作用したときの子どもの動きのベクトルとして模式的に表した。その説明においては、教育が有効に機能する場合のみを示したが、学校教育が子どもの発達にとって、むしろ阻害要因となる場合があることも考えておかねばならない。

例えば、初等教育の重要な課題である文字教育において、筆記の際の利き手を矯正することの問題がある。この社会が右利き中心である以上、右利きが筆記だけでなく様々な道具使用において有利であることは確かであり、左利きの不便さを否定することはできないが、過剰な方法による利き手の矯正は、よい結果を生まないことが広く知られるようになってきた。

また、色覚障害の検査としての石原式色覚検査は、精度が高く簡便な方法として長い間学校の場で実施されてきたが、2004年からは学校で実施しないように法律（学校保健法）が改正された。色覚障害の検査によって該当する子どもが判明したクラスでは、教師が板書のチョークの色や配布資料の色づかいに配慮することが可能になるが、かつて色覚障害が進学や就職に不利になる場合があった時代があり、検査をしても治療や矯正のできない個人の健康情報を教育機関が知る必要はないという判断に至ったものである。

この色覚検査の例は、子どもたちの発達の実態に応じた個人処方カリキュラムの実施の基盤形成が必ずしも容易ではないことも示唆している。2007（平成19）年度に開始された全国学力・学習状況調査は、都道府県別の平均点の差異、すなわち地域差がマスコミの話題になっているが、この調査結果を子どもたちの発達の実態に応じた個人処方カリキュラムにどうつなげていくかの議論は、むしろ今後の課題となっていると言えよう。

文献

Inhelder, B., et Piaget, J., 1955, *De la logique de l'enfant à la logique de l'adolescence*. Paris: P.U.F.
Piaget, J., et Inhelder, B., 1966, *La psychologie de l'enfant*. Paris: P.U.F. J.ピアジェ，B.イネルデ，1969,『新しい児童心理学』波多野完治・須賀哲夫・周郷博訳，白水社クセジュ文庫.
市川伸一，2002,『学力低下論争』ちくま新書，筑摩書房.
神永正博，2008,『学力低下は錯覚である』森北出版.
経済協力開発機構（OECD）編著，2004,『図表でみる教育―OECDインディケータ（2004年版）』明石書店.
―――，2007,『図表でみる教育―OECDインディケータ（2007年版）』明石書店.
国立教育政策研究所編，2002,『生きるための知識と技能―OECD生徒の学習到達度調査』ぎょうせい.

―――, 2004,『生きるための知識と技能2― OECD 生徒の学習到達度調査／PISA2003年調査国際結果報告書』ぎょうせい.
―――, 2007,『生きるための知識と技能3― OECD 生徒の学習到達度調査／PISA2006年調査国際結果報告書』ぎょうせい.
佐藤隆, 2008,『フィンランドに学ぶべきは「学力」なのか！』かもがわブックレット, かもがわ出版.
中井浩一, 2003,『論争・学力崩壊2003』中公新書ラクレ, 中央公論新社.
西村和雄, 2001,『学力低下が国を滅ぼす』日本経済新聞社.
吉田多美子, 2005,「イギリス教育改革の変遷―ナショナルカリキュラムを中心に」『レファレンス』55巻11号, pp.99-112.

3章　教員評価制度によって「現場は混乱している」のか？
——教育改革の社会学・試論：教育改革から教育政策へ

諸田　裕子

1節　はじめに——「現場」は本当に混乱しているのか？

　「教員評価制度によって学校現場が混乱している現状報告」が筆者に与えられた小論の課題である。3年ほど前から進めてきた教員評価制度改革についての調査・研究をとりまとめておく必要もあり、現状の"記述"であればすぐに書けるだろうと、ふたつ返事で承諾してしまった。しかし、いざ、筆を進めていく過程で、自分がいかに困っているかに気づくことになる。なぜ、私が困ってしまったのか。この、「困った」という感覚ときちんと向き合うこと。こうした作業こそが実は、本書のタイトル——混迷する評価の時代——教育評価を根底から問う——への1つの問いになるのではないか。書けないことの言い訳めいた書き出しになってしまった。だが、「なめらかな日常」が「ごつごつ」してきたと感じた時、困った感覚を持ったことそのものが社会学的想像力を機能させる第一歩のはずだ。では、なぜ、私が困ったのか。「困った」という感覚の根底には、「現場が混乱する」という表現への違和感と、改革はよくないものであるという前提への疑いがある。そして、多くの共同研究への参加を通じて手にした、様々な地域や学校、「教える」という仕事にかかわっている大人たちから話をうかがう機会を得たことに、この「困った」という感覚は根ざしている。

　あらためて、素朴な問いを立ててみよう。「教員評価制度によって学校現場が混乱する」という認識枠組みそれ自体に問題はないのだろうか。これは、改革＝悪／学校＝善、あるいは、現場＝善／国・行政＝悪、つまりは、善悪

二元論による悪者探しの考え方が前提となっている認識である。だが、こうした悪者探しの認識は、たとえそれが、学校や教師たちに味方する認識だとしても、昨今の、教員の意識改革の重要性を声高に叫ぶ教育改革がその前提とする現状認識と実は同型である。こちらは、国や行政・改革＝善／学校・教員＝悪という善悪二元論であり、先ほどの認識の裏返しにすぎない。悪者探しタイプの批判、善悪二元論を前提とする現状認識は不毛な議論を繰り返すだけになってしまう。それでは何も変わらない。改革はいつもうまくいかないものとしてあらかじめ読み込まれていることになる。

この小論では、まず、「現場が混乱している」ことの報告ではなく——「現場」というカテゴリー自体も問題だが、どういう状態になれば「混乱」と言えるのか——、学校現場では、そもそも教員評価制度についてどのように認識しているのかについていくつかの質問紙調査結果を用いて確認する（第2節）。その上で、教員評価制度改革を含む「教育改革」と「現場の混乱」の関係を考えていくための新たな視点について述べる（第3節）。最後に、再チャレンジ可能な社会の条件を考えていくための提案を試みる（第4節）。

2節　教員評価制度改革をめぐる認識
——質問紙調査結果を読み解く

2006（平成18）年度の文部科学省白書によれば、2006年10月時点において、新しい教員評価システムの構築・運用について取り組みを進めている地域は、全国の9割以上に及ぶという。これらの取り組みは、直接的には、2002（平成14）年に文部科学省が全都道府県と政令指定都市に対して委託した「教員の評価に関する調査研究の委嘱」（委嘱は2002（平成14）年、委嘱期間2003～2005年）による[1]。この委嘱に先立ちすでに、例えば、高知県における勤勉手当への成績率導入（1999年より）、東京都の新たな教員人事考課制度の導入（2000年より）といった動きがあったことは周知の事実である。また、上記の委嘱期間が終了した後の2006（平成18）年度より文部科学省は新たな委嘱事業を実施しており、教員評価の結果を給与等の処遇に反映させるためのシス

テム作りに向けた取り組みが進行中である。

現実的にはその取り組み状況や教員評価についての考え方をめぐっては、地域による温度差がある。とはいえ、教員評価制度改革の全国的な取り組みが進む中、そもそも、学校現場は「教員評価」をどのように受け止めているのだろうか。本節では、この点について、質問紙調査の結果を手がかりに検討する。それらは、2005～2007年にかけて、異なる機関によって実施された質問紙調査の結果である[2]。

1 教員評価制度の是非をめぐって・その1──全国的な動向

表3-1は、東京学芸大学の共同研究グループが2005年に実施した（回収率26.8％）教員調査の結果である。「教員評価は教員の質を向上させるために不可欠だ」という設問に対して、小中学校教員では35.7％が、また、小中学校の管理職では63.1％が、「とてもそう思う」および「まあそう思う」と回答している。職階による回答状況の分岐はあるが、教員評価制度に対する否定の姿勢のみが学校現場に流通しているわけではない。それは、「まったくそう思わない」という選択肢への回答が小中学校教員で16.0％、管理職で5.6％である点からもいえる。もちろん、この設問において、回答者が想定している教員評価制度の具体的な内容と方法、制度改革の進め方が地域によって大きく異なっているということを忘れてはならないだろう[3]。教師の仕事に評価はなじまないといった考え方が根強いことをふまえるならば、一般教員であっても3割強が「教員評価が不可欠だ」と回答している点は見逃せない調

表3-1 教員評価は教員の質を向上させるために不可欠だ

(%)

	小中学校教員 (1,580)	管理職 (961)
とてもそう思う	4.6	12.9
まあそう思う	31.1	50.2
あまりそう思わない	46.6	29.5
まったくそう思わない	16.0	5.6
無回答	1.6	1.8

※（ ）はサンプル数
※資料出所については、注1を参照のこと。

査結果ではないだろうか。

次に表3-2-1および3-2-2を見てみよう。これは、文部科学省が2005年に実施した「義務教育に関する調査」（回収率25.7％）の結果である。表3-2-1には「保護者や地域住民が学校や教員を評価する」ことについて「賛成」および「まあ賛成」を合わせた数値を示した。校長は51.1％、教頭・副校長が53.5％、一般教員では30.0％という回答結果となっている。設問内容は異なるものの、何らかの形で行われる教員評価制度の是非をめぐる認識としては、ほぼ、表3-1の結果と同様の傾向を示している。表3-2-2に示したのは、「教員の人事考課制度に関して、あなたはどう考えますか。あなたの意見にもっとも近いもの1つ選んで○をつけてください」という設問に対する回答結果である。

表3-2-1　保護者や地域住民が学校や教員を評価する（賛成＋まあ賛成）

(％)

校長	51.1
教頭・副校長	53.5
一般教員	30.0

※サンプル数は、それぞれ、校長360名、教頭・副校長372名、一般教員1,689名。
※資料出所については、注1を参照のこと。

表3-2-2　教員の人事考課制度に対する意見

(％)

	能力や業績に応じた評価と処遇をすべきだと思う	能力や業績に応じた評価と処遇をすべきだが、処遇に反映させるべきではないと思う	能力や業績に応じた評価は教員の職務になじまないと思う	よくわからない	無答・不明
全体	29.2	32.7	29.3	8.0	0.9
小学校担任	20.2	31.8	35.2	11.8	1.0
中学校担任	25.9	30.6	31.7	10.9	0.9
校長	45.6	33.3	19.7	0.8	0.6
教頭・副校長	40.1	36.0	20.7	2.2	1.1
一般教員	23.9	31.6	32.9	10.7	0.9

※サンプル数は、それぞれ、教員全体2,503名、小学校担任610名、中学校担任451名。
　職階別では、校長360名、教頭・副校長372名、一般教員1,689名。
※資料出所については、注1を参照のこと。

「能力や業績に応じた評価と処遇をすべきだと思う」および「能力や業績に応じた評価はすべきだが、処遇に反映させるべきではない」の結果を合わせると、処遇への結果反映を別にすれば、「評価をすべき」という認識は、全体では61.9％、小学校担任では52.0％、中学校担任では56.5％となっている。職階別では、管理職では校長が78.9％、教頭・副校長が76.1％に対し、一般教員が55.5％となっている。「能力や業績に応じた評価は教員の職務になじまないと思う」についての回答は一定程度あるが（2割前後から3割強）、制度を肯定的に受けとめる割合の高さは無視できないものとなっている[4]。他方、評価そのものは認めるが、評価結果の処遇への反映について、一般教員に比べて評価制度に好意的である管理職であっても約3割が反対している点は注視すべきであろう。

　続く**表3-3-1～3-3-3**は、2006年にベネッセコーポレーションが実施した「学校長の裁量・権限に関する調査」（回収率46.9％）の結果である。この表からも、これまで見てきた質問紙調査結果と同様に、評価制度を肯定的に受け止める傾向を回答状況から確認できる。例えば、「教員自身が実績について自己評価すること」は「とてもそう思う」が55.1％となっており、「まあそう思う」と合わせると93.9％の校長が何らかの形で評価が必要だと考えている。ただし、ほとんどの校長が評価の必要性を認識しながらも、教員を評価する際の課題を強く感じていることも同時に確認できる（**表3-3-2**）。「教育の成果は数値に表しにくい」（「とてもそう思う」51.0％、「まあそう思う」42.6％）、「教員の実績を公平に評価するのが難しい」（「とてもそう思う」36.1％、「まあそう思う」50.4％）、そして「教員を評価する上で役立つ指標がほしい」（「とてもそう思う」27.4％、「まあそう思う」51.7％）といった項目について高い数値を示している。さらに、先ほどの表3-2-2でも明らかであったが、評価することは必要であっても、その結果を処遇に反映させることへの根強い忌避感は表3-3-2においても確認できる。「評価結果を給与などの処遇に反映させること」については、「とてもそう思う」が11.6％、「まあそう思う」が34.3％となっており、評価の必要性についての好意的な回答状況とは大きな隔たりがある（表3-3-1）。また、「基本給を少なくして成果給を増やす」について「とても

表3-3-1 教員評価に関連して必要なこと
(%)

	とても そう思う	まあ そう思う
教員自身が実績について自己評価すること	55.1	38.8
管理職が教員の能力と実績を評価すること	38.2	53.2
教員の専門職化など管理職登用以外でも昇給・昇格する制度をつくること	16.2	42.8
優秀な教員を表彰する制度をつくること	13.9	35.9
評価結果を給与などの処遇に反映させること	11.6	34.3

表3-3-2 教員を評価する際の課題
(%)

	とてもそう思う	まあそう思う
教育の成果は数値に表しにくい	51.0	42.6
教員の実績を公平に評価するのが難しい	36.1	50.4
教員を評価する上で役立つ指標がほしい	27.4	51.7
評価されることに対する教員の抵抗感が強い	18.6	46.9
家庭の事情などをどう考慮すればよいか悩む	13.5	44.3
評価結果に不満を言う教員が多い	4.7	30.9

表3-3-3 教員評価を反映する際に適切な方式
(%)

	とてもそう思う	まあそう思う
一定以上の評価を管理職登用の条件にする	19.4	57.4
残業や休日出勤の手当てを支給する	29.6	36.5
一律に支給されている教職調整額を見直す	13.9	44.7
基本給を少なくして成果給を増やす	1.7	12.8

※表3-3-1〜表3-3-3については、サンプル数は2,345名。
※資料出所については、注1を参照のこと。

そう思う」が1.7%、「まあそう思う」が12.8%にすぎない（表3-3-3）。

2 教員評価制度の是非をめぐって・その2
　　──改革実施中の地域・Y県における教員調査より

①Y県の教員評価制度改革について

　本節の最後に検討するのは、「義務教育インフラストラクチャ研究会」（新教育システム開発プログラム　東京大学）が2007年に実施した「教員キャリア調査」の結果（速報値）である。当該調査は、これまでに紹介した調査と異なり、

実際に教員評価制度改革を進めている地域を対象としており、当該地域の改革内容をふまえた上で質問項目が設定されている点が特徴的である。調査をお願いしたY県で現在進められている教員評価制度改革の詳細については、苅谷ほか (2008, 2009) を参照していただきたい。ここでは、質問紙調査結果を検討するために必要な限りにおいて、Y県の評価制度の概要を紹介する。

　Y県の教員評価制度は、「職務行動評価」と「役割達成度評価」の2本立てで構成されている。

　「職務行動評価」の目的は「各職における目標とする人材像に向かって、個々の職務遂行能力を高める」とされ、「役割達成度評価」は「学校組織のパワーアップ」である[5]。本節で紹介する調査の実施時期が2006（平成18）年度末であったこととの関係で、その時点で完全実施であった「職務行動評価」についてふれておくと、当該評価は、自己評価、第一次評価者による評価、第二次評価者による評価、および参考意見をふまえたうえで、評価期間の最後に、フィードバック面接が行われ、最終調整者へと情報が上がっていく。例えば、教諭の場合、第一次評価者は教頭、第二次評価者は校長、学校規模に応じて異なるものの、主任の職にある教員が参考意見シートを提出する。その参考意見シートの結果もふまえつつ、評価期間の最後に行われるのが、校長による（たいていは教頭同席）フィードバック面接である[6]。「職務行動評価」に用いられる評価シートは、①3つの大きな項目――「専門性」「教職員としての基本姿勢」「学校経営や組織への参画・貢献」から構成され、②各大項目について2〜4の中項目が設定されている。例えば、「専門性に関する項目」では、「授業力」および「児童生徒理解・指導力」が、「学校経営や組織への参画・貢献に関する項目」では、「創造的企画力」「組織貢献力」「人材育成力（自己啓発力）」「外部折衝力」である。③「授業力」および「児童生徒理解・指導力」については、それらを構成する具体的な力量がさらに下位の項目によって明示されている。例えば、「授業力」については、「授業企画力」「授業実践力」「授業評価・改善力」である。④細項目で示された各力量の定義を明示した上で、評価基準となる、より詳しい内容が4〜5つ示されている。例えば、「授業評価・改善力」は「授業を振り返り改善する力」と定義され、「授業公開を

通して、同僚職員から授業改善についての意見収集を行っている」「同僚職員から授業改善に対して助言を求められており、アドバイスを行っている」といった内容が盛り込まれている。「人材育成力」では、「上司、先輩の指導や自分の失敗を謙虚に受けとめている」「同僚職員が指示や指導をすすんで求めてくるなど、相談しやすい雰囲気をつくっている」などとなっている[7]。評価する際は、上記に紹介した個別具体的な基準について、自己評価は3段階で、また、第一次および第二次評価では、4段階でチェックする方式となっている[8]。

② 「教員キャリア調査」結果より――Y県における教員評価制度改革をめぐる認識

さて、こうした評価制度改革が進められているY県の教師たちは、教員評価制度をどのように受けとめているのだろうか。表3-4-1を見てみると、「評価制度がなくても、自主的に力量向上に取り組んでいた」への回答が「とてもあてはまる」と「ややあてはまる」を合わせると（以下、数値は同様）、学校段階にかかわらず、最も高くなっている（中学校77.4％、小学校81.7％）。評価制度に対する否定的な認識の現れ――直接的な批判ではないが――と考えてよい。次に高い数値を示しているのは、「評価で明らかになった課題を改善する手だてが用意されていないと思う」で、中学校で55.5％、小学校で63.6％となっている。これは、評価制度への否定的認識とも言えるだろうが、「手だての用意」への期待が一定程度あるからこその回答割合という解釈も可能ではないだろうか。評価を通じて課題が明らかになったことを認めた上で、ではそれらを改善する手だてが用意されていないことへの批判である。制度に対する肯定的認識を尋ねた項目についてみてみると、「自分のこれまでの仕事の仕方、考え方を見直す機会になった」が約5割弱の回答となっている。また、「自分の能力が正当に評価されていると思う」が4割弱、「教師に必要な能力がどのようなものか明確になった」が4割前後を示している。表には示さないが、これら3つの項目について職階による回答状況の相違を見てみると、「見直す機会になった」および「正当に評価」については、職階による回答状況の分岐は大きくない。また、「正当に評価」に関しては、中

学校教諭 (46.9％) ＞管理職 (34.8％)・主任 (43.9％) となっており、教育改革を肯定的に捉える傾向が一般的である管理職や主任を上回る肯定的な回答を一般教諭が示している点は興味深い。他方、「教師に必要な能力が明確になった」については、職階による回答状況の分岐は大きい。中学校では、管理職 (56.5％) ＞主任 (46.9％) ＞臨時採用 (42.9％) ＞一般教諭 (38.1％)、小学校で

表3-4-1　教員評価制度について（学校種別）

(％)

		とてもあてはまる	ややあてはまる	あまりあてはまらない	まったくあてはまらない	無回答	(全体)
学校全体が活性化した	中学校	0.5	9.8	57.8	28.1	3.8	(367)
	小学校	0.2	10.5	52.7	34.4	2.2	(448)
学校目標が共有化されるようになった	中学校	0.8	22.1	53.1	19.9	4.1	(367)
	小学校	1.3	27.2	47.1	21.7	2.7	(448)
教師に必要な能力がどのようものか明確になった	中学校	4.6	35.7	40.9	15.0	3.8	(367)
	小学校	4.2	35.5	42.4	15.0	2.9	(448)
自分の能力が正当に評価されていると思う	中学校	2.5	40.1	41.1	11.4	4.9	(367)
	小学校	3.8	39.7	41.3	12.1	3.1	(448)
自分のこれまでの仕事の仕方、考え方を見直す機会になった	中学校	4.4	49.9	31.1	10.9	3.8	(367)
	小学校	5.6	46.7	31.7	13.6	2.5	(448)
教員評価制度がなくても、自主的に力量向上に取り組んでいた	中学校	22.6	54.8	14.7	3.8	4.1	(367)
	小学校	24.3	57.4	13.2	1.8	3.3	(448)
評価項目にない仕事がおろそかになった	中学校	1.4	6.5	51.5	35.4	5.2	(367)
	小学校	0.4	5.8	53.1	37.7	2.9	(448)
管理職の目を気にするようになった	中学校	4.1	10.6	42.5	37.1	5.7	(367)
	小学校	3.8	15.0	43.3	33.0	4.9	(448)
評価で明らかになった課題を改善する手だてが用意されていないと思う	中学校	9.5	46.0	34.3	4.9	5.2	(367)
	小学校	11.6	52.0	28.3	3.1	4.9	(448)
教師同士が切磋琢磨するようになる	中学校	0.0	9.0	60.8	25.9	4.4	(367)
	小学校	0.4	9.4	58.7	28.6	2.9	(448)
仕事をしない教師が減ったと思う	中学校	0.3	8.2	54.8	32.4	4.4	(367)
	小学校	0.2	8.5	55.8	31.9	3.6	(448)

表3-4-2　教職観

(％)

		とてもそう思う	ややそう思う	あまりそう思わない	まったくそう思わない	無回答	(全体)
優れた教師の判定基準は明確である	中学校	6.3	30.2	51.8	7.9	3.8	(367)
	小学校	5.6	30.1	50.9	10.3	3.1	(448)
教師が考える優れた教師と、行政等が考える優れた教師には差がある	中学校	35.1	49.9	10.1	1.6	3.3	(367)
	小学校	33.5	50.4	13.6	1.1	1.3	(448)
誰にでもあてはまる「望ましい教師モデル」がある	中学校	6.8	42.0	41.7	6.3	3.3	(367)
	小学校	6.3	47.5	38.2	6.0	2.0	(448)

表3-4-3　教育改革や政策についての意見

(％)

		プラスの影響がある	ややプラスの影響がある	ややマイナスの影響がある	マイナスの影響がある	分からない	無回答	(全体)
処遇と結びついた教員評価	中学校	2.2	24.3	32.2	26.2	12.3	3.0	(367)
	小学校	4.0	21.9	26.8	32.1	12.3	2.9	(448)

※表3-4-1～表3-4-3について、（　）内はサンプル数。

は、管理職 (73.1%) ＞主任 (39.8%) ＞一般教諭 (35.2%) ＞臨時採用 (34.2%) である。Y県では、評価基準作成過程で一般教諭への意見聴取を行い、毎年度の施行後にはアンケートを実施して評価基準や評価方式の練り直しを試みている。それでも、このような回答状況の分岐は発生する。先に検討した、教員評価制度の課題 (表3-3-2) においても、「公平に評価するのが難しい」や「役立つ指標がほしい」について8割前後の回答だった点を考え合わせると、評価基準の作成がいかに困難な作業であるのかが理解できる。

職階による回答状況の分岐については、次の**表3-4-2**を見てみると、より鮮明になる。「教師が考える優れた教師と行政等が考える優れた教師には差がある」と思っている教師は、学校段階にかかわらず、8割を示す。「優れた教師の判定基準は明確である」については、3割強がそう思っており、ここでも、評価基準作成の困難さをうかがい知ることができる。「誰にでもあてはまる「望ましい教師モデル」がある」については、5割前後の教師が肯定している。

表3-4-3に示したのは、教育改革や政策についての意見を尋ねた複数項目において、教員評価に関連した項目への回答結果である。「処遇と結びついた教員評価」は教育を改善する上で「マイナスの影響がある」と回答した割合は約6割 (「ややマイナスの影響」＋「マイナスの影響」の合計)。表には示さないが、「教師に必要な能力が明確になった」や「自分の能力が正当に評価されている」と回答した場合でも、ほぼ4割強が「マイナスの影響がある」と回答し、「プラスの影響がある」という回答は4割に満たない。

以上の質問紙調査結果から見えてくるのは、①教員評価制度改革に対して否定的な認識ばかりが流通しているわけではない、②職階および学校段階により回答状況が分岐しているが、管理職が肯定的──一般教諭が否定的という関係には必ずしもない、③評価結果の処遇への反映については、教員評価を好意的に捉える立場であっても反対しているということである。「教員評価」＝悪／学校現場＝善という二項対立図式的な認識枠組みにはおさまらない現実ではないだろうか。もちろんだからといって、逆に、「教員評価」＝善と素朴に捉えることは決してできない。何よりも、「評価」という行為

につきまとう困難な問題は、評価のための公正な指標を私たちは確定できないということである。人間が判断する限り、どれほど指標や方法を精緻化したとしても主観は必ず入り込む。もし仮に可能な限り主観を排除できたとしても、3割強の教師が回答していたように「能力や業績に応じた評価は教員の職務になじまない」側面が確かに存在する。教師という仕事は個別の要素に分解できない曖昧な部分を持ち、また企業のように利潤追求を目指した効率最優先の営みとは異なる。

しかしここで、「仕事の仕方、考え方について見直す機会となった」「教師に必要な能力がどのようなものか明確になった」という質問への回答状況へいま一度目を向けるならば、実は、指標の工夫によって評価できる要素を洗い出すことが必要とされていると考えられなくないだろうか[9]。現実の「教える」という営みを壊してしまわない限りにおいて、その営みを個別の要素に分解した上で統合し、社会を構成する一つの機能として位置づけていく作業が要請されているのではないだろうか。「教員評価」のための指標が具体的に示されることによって仕事を構造的に捉えることがある程度まで可能だとすれば、「教える」という仕事を見直し、よりよく遂行していくためにも、また、新たに教職の仕事に就く人々が仕事について学習していくためにも、要素への分解と統合は欠くことができない作業だということを指摘しておきたい。"職人技"として秘伝のままに留め置くことがもたらす問題の方が大きいかもしれないという可能性についても、あらためて考えていく必要がある。

3節 「教育改革」から「教育政策」へ──資源配分として考える

ここまでの報告で課題に答えたことにはなる。だが、考えてみたいのはその先である。確かにある意味で、教員評価制度に対する教師たちの認識は多様であり、したがって、現場が同じ方向を向いていないという意味でも「混乱」と言うことはできるだろう。また、単純に考えても、これまでになかった評価という仕事が加わるという点で学校現場の教師たちが今以上に忙しくなるということは容易に指摘できる[10]。しかし、本章の冒頭で述べたように、教

員評価制度改革を含む、教育改革＝悪／学校や教師、現場＝善という悪者探しに拘泥する二項対立図式によっては、改革を捉える認識枠組みの相対化が不可能なだけではなく、うまくいかないとされている教育改革を再考し、適切に修正し、その先へと歩みを進めることができない。二項対立図式から脱却し、適切な修正を現実的に行っていくために私たちが手がかりにしたいのは、次に示す矢野 (2007: 27-28) の議論である。

「教育の世界では、教育改革ばかりが登場し、教育政策という言葉は影に隠れている。改革と政策を混同して使っている場合も多いが、この二つは区別されなければならない。改革は、法制度の変更を含意している。それに対して、政策は資源配分の変更である。教育に投入する人・モノ・金・時間といった資源の配分をどのように変えるのが望ましいか。それを考えるのが政策論争であり、政策研究である。資源配分を変更する『資源論』が日本の教育改革論議にはほとんど登場しない…（中略）…教育には膨大なお金と時間がかかる。そのための資金をどのように調達し、どのように配分するか。それが教育政策の中心課題である。」

教育「改革」を教育「政策」として捉え直し、資源配分の問題として考えていくことによって見えてくるのは、「改革によって混乱している」のは学校現場というよりも社会の側ではないのかということである。教員評価制度の登場によって、考えるべき多くのかつ困難な課題を突きつけられているのは学校現場というよりも社会の側なのではないか。評価指標をながめていると、「教える」という仕事をサービス業とみなしきれれば納得がいく場合もあるが、それだけではおさまらない何かがある。他方、「導き手」あるいは「聖職」とみなしても、そこからはみでる現実がある。これらは日常的な経験によっても十分分かるだろう。すなわち、私たち社会の側（そこには教師自身も当然含まれる）が、学校や教師をどのように見ているのか、ということの問題として再考されなければならない。学校や教師が担っている一定の機能に応じて、社会は必要だと考える様々な資源を投下している。その一定の機能をど

う定義するのか、機能に応じた必要性をどの程度、どのようなルールによって見積もるのか。そして、学校や教師にとって、何を必要な資源と見なすのか。これらについての合意が形成されていない(=「混乱」している)ことによって教育改革がうまくいかない側面があるのではないだろうか。

そもそも、社会は学校という組織および教師に教育という営みを委託している。つまり、学校や教師は社会にとっての「エージェント」である。少なくとも現代社会に存在する教師という仕事は自然発生的な存在ではない。また、教職に就いている人々が好き勝手に作り出した仕事でもない。

税金の流れを考え合わせても明らかなように、「見知らぬ他人の負託を受けて、教師が教育サービスを提供している」のである (矢野 2001: 57, 傍点は筆者)。ただし、負託は丸投げを意味しない。本来、委託するためには、私たちの社会が、どのような営みを「教育」と呼び、その目的をどのように位置づけたらよいのか。その中で、専門的職業として配置した教師という仕事にどのような機能を担うよう合意（期待、ではない）しているのか。さらには、その合意形成のためのルールをどうやって構築するのかという点が重要な意味を帯びてくる。評価指標の内容はそのまま、委託する内容を表し、評価基準設定は、どのように委託するのかということを表している。ただ、ここで注意しておかなければならない点は、教員評価に限らず、「○○力」という場合、その定義はあいまいであり、常に論争点となることである。それについて語る人の数だけ内容があると言ってもよい。その上、曖昧さゆえに、その意味する領域は限りなく拡張していく。教員評価によって教師の「指導力」を向上させ、結果的に子どもたちの「学力」が向上するという前提そのものについてはここでは不問にしよう。だが、それら「指導力」や「学力」は、その定義の曖昧さによって、常に、多くの期待と要求を呼び寄せ、特に、教師たちはそれらになんとか応えようとしてしまうという現実があることを無視してはならない。だからこそ、私たちは、社会にとっての教育の機能と目的について合意形成の仕組みとルールを構築し、合意形成を進め、委託する内容を可能な限り明確にせねばならない。それによって、負託を受けた者、つまり、教師はその仕事を委託の範囲で行うことが可能となる。委託する内容

が曖昧なままでは、全ての要求にエージェントは応えねばならず、結果的には、エージェントが確かに委託した通りに仕事を遂行しているのかを社会は間断なく監視し続けなくてはならず、そのための様々なコストが発生してしまうことになる。社会の側の「混乱」を可能な限り回避し、適切な量と質を委託するためには、「教育の成果は数値に表しにく」く、「能力や業績に応じた評価は教員の職務になじまない」と最初から決めつけてしまってはならない。「むしろ、行政の現場も学校現場も、これまで測ることができるものや測るべきものを測定してこなかったこと、したがって、数値化するための指標と測定方法が現実に即した形で練り上げられていないこと、それゆえに、現場の実態分析の上で教育政策を立案・修正する試みを採用して来なかった点」(諸田・金子 2006) こそ社会にとっての課題として引き受けていく必要がある。

　加速度的に進行する今時の教育改革の理念や方針が学校の現実となる、まさにその厳しい状態を的確に捉えた、次に引用する、ある教務主任の言葉は重い (諸田 2006)。

　　「今、あちこち大変と言えば大変なのですけれども、教育課程を編成していくのにやはり既にいろいろな制度が入ってきていますので、それを網羅していくのに時間とか入れ物はもう決まっている中で、新しいものがどんどん入ってきたところをどういうふうにうまく配置をしていくのかというのが、だんだん大変になってきています。」

　　　　　　　　　　　　　　　　　　　　　　　【Ea 中学校教務主任】

　新しい学習指導方法を始めとして、新たな施策や制度が学校へと流れ込んでいく。新たな要素が流れ込む先は、しかし、まっさらな真空ではない。新たなものがくるたびに、既存のものが廃棄されリセットされるわけでもない。そこには、既存の制度によって形成され、維持され続けた強固な空間と時間と、そして、張りめぐらされた意味の網の目がある。蓄積された学校の現実には、確かに、手を加えなければならず、時には廃棄すべきものもある。

あるいは、新しい要素を'現場の工夫'や'教員の認識'を媒介にして、古い枠組みの中に組み込むという営みもまた学校の現実である。そうやって、学校の現実は編み直されていく。だが、そのためには、最低限の条件整備――おそらく最も重要な資源は、「時間」である――が切望されているのだ（諸田 2006）。いま、教育改革を進めていく上で必要なことは、「教員の意識改革や向上」を声高に叫ぶことなどではない。菊地（1996）が指摘したように、「『教員評価』をめぐる洞察は、教育と学校あるいは社会全体をめぐる議論にまで及びうるものとして試みられる必要がある」（p.96）。教師を含む（エージェントとしてもだが、教師も社会を構成するメンバーという役割を担っており、税金を支払っているということを忘れてはならない）社会が、教師や学校に何をどのように委託するのかということを丁寧かつ公正に考え続けていくという、困難だが大事な仕事を遂行せねばならないのである。

4節　むすびにかえて――再チャレンジ可能な社会の条件：「失敗」を共有するということ

　教育改革を教育政策として、つまり、資源配分の問題としてみなすことによって、どこにどれだけどういうルールでどのような資源を配分したら、どのような結果になるのか（なったのか）という見方を採用することが可能となる。これは、悪者探しとは最も遠く離れた認識である。どこにどのような問題点があるのかを具体的に示していかなければ、現実を変えることはできない。個別具体的な問題点をつぶさに洗い出し、かかわる人々全員が共有していくことが何よりも肝要である。教育「改革」という見方にだけとらわれ、その理念の是非のみを問うている間は、問題点の共有、すなわち、「失敗」の共有はなされないままである。社会のメンバーが再チャレンジ可能となるためには、まずもって、社会そのものが編み直しをリトライできるような仕組みを社会自らに装備していることが必要である。成功体験の共有も大事なことではあるが、それ以上に、「失敗」を共有することによって、必要な資源を欠いている箇所が明確になる。そして、後続のプロセスと次なるゴール

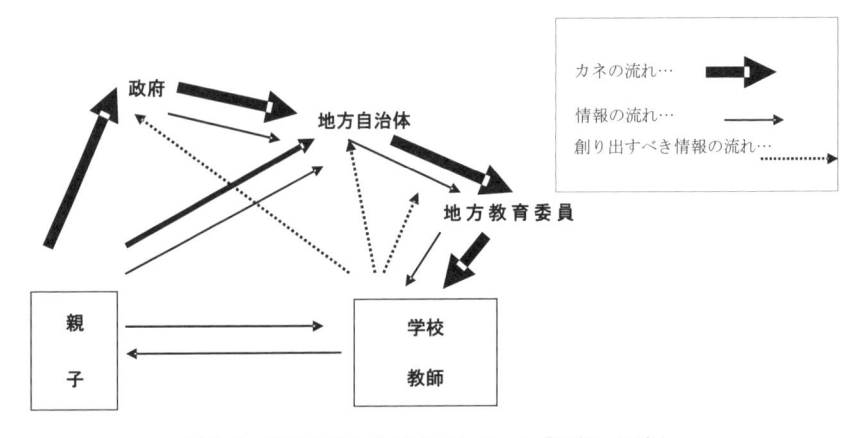

図3-1　義務教育における「カネ」と「情報」の流れ

をあらためてデザインし、必要な資源を必要な箇所へ投下することが可能となる。

　最後に示した**図3-1**は、義務教育にとっての資源である「カネ」と「情報」の流れについての理念型である。太い矢印は納税を含めた「カネ」の流れを、細い実線の矢印はクレーム等も含めた「情報」の流れを示している。注目したいのは、2つの矢印の終着点がいずれも「現場」である学校と教師であり、そこで袋小路になっている点である。制度にかかわる関係者全員が相互的な関係にあるのではない。全ての資源が流れ込む先である「現場」で何が起きているのか、何が問題となっているのか、そのことを収集するしくみが適切な形では備わっていない。つまり、「失敗」を共有する回路が用意されていないことが分かる。2006年2月の「中央教育審議会初等中等教育分科会教育課程部会審議経過報告」では「教育課程編成に関する現場主義の重視」が打ち出された。この「現場主義」が現場だけに責任を押しつけるベクトル ——「失敗」の共有が不可能なベクトル —— となってしまわないか、また、「評価」という方法だけで現場の情報を吸い上げるしくみに終わってしまわないか、教員評価制度改革の進捗もふまえつつ、私たちは注視していく必要がある（諸田・金子 2006）。

注

1 これらの取り組みに至るまでには、1998年の中央教育審議会答申「今後の地方教育行政のあり方について」、2000年の教育改革国民会議報告、2001年「21世紀教育新生プラン」、2002年の中央教育審議会答申「今後の教員免許制度のあり方について」等によって教員評価制度改革に連なる基本的な方針がすでに示されている。これらの改革動向をふまえた教員評価制度改革の現状およびその問題点については、例えば、勝野 (2001)、中田 (2005)、菊地 (2001) を参照。

2 表3-1から表3-3の調査概要についてはそれぞれ次の調査報告書を参照。表3-1は、「平成15年度－平成17年度日本学術振興会科学研究費補助金 (基盤研究B) 教育課程編成をめぐる行政・学校・地域のダイナミクス—地方分権化施策の実態—研究成果報告書」(平成18年3月研究代表者陣内靖彦東京学芸大学)。表3-2は、「平成16・17年度文部科学省委嘱調査報告書義務教育に関する意識調査中間報告書」(平成17年6月ベネッセコーポレーション) および同調査の最終報告書 (平成17年11月ベネッセコーポレション)。表3-3は、「平成18年度文部科学省委託調査研究報告書新教育システム開発プログラム (採択番号18) 学校長の裁量・権限に関する調査報告書」(平成19年3月株式会社ベネッセコーポレション)。表3-4の調査については、苅谷ほか (2008, 2009) を参照されたい。調査データの公表を許可いただいた共同研究者諸氏ならびに調査に協力いただいた先生方にはこの場を借りて謝辞を申し上げる次第である。当該調査は、西日本の山間地等へき地を抱えるY県の小中学校に勤務する教員 (非常勤講師を含む) の約2,000名を対象として実施。対象者数が2,000人程度になるように学校を単位にランダム抽出し、抽出された学校ごとに調査票を回収した。その結果、回答者数は816名 (回収率39.7%) となっている。なお、調査の実施時期は、2007年3月である。調査内容は、現任校からさかのぼって教職歴の記載を求めたキャリアシート、授業・勤務・研修・同僚関係・授業・教員評価・人事異動等の実態と意識、ストレス、教職観にかかわる設問を設定している。同調査は、時期をずらして同じ西日本にあるZ県においても実施しているが、教員評価制度にかかわる結果についてはY県のデータのみをここでは引用する。また、諸田・金子 (2009) も併せて参照されたい。

3 例えば、筆者が共同研究チームへの参加を通じて、その教員評価制度改革の進行過程を観察しているある地方自治体 (本章で紹介するY県) では、県教育委員会が主導しつつも、複数レベルの議論の場を設定し、多様なステークホルダー (教育委員会の他のセクション、市町村教育委員会、学校教職員、教員団体、地元企業、PTAなど) が評価制度作りに何らかの形でかかわるスタイルを採用している。その過程では、部分的な試行および完全な試行、そして完全実施へと順次進めていき、実施のたびに対象者からその年度評価シートや方法等についての意見を集

め、それらをふまえて毎年度、修正・変更を試みている。試行段階の様々なアイデアがどのように実現し、評価制度に対する人々の考えやクレームがどのように翻案されていくのか、また、制度改革にかかわった多くのステークホルダーの日常的な営みが、制度改革にかかわったことそのものを通じてどのように編み直されているのか／いないのか —— 改革は何を変え、何を変えていないのか —— について私たちは考えていく必要がある。改革の理念そのものの是非以上に、制度変更のために遂行された、様々な人々の様々な実践(例えば、会議の設定、会議への参加、通知文書の作成、議論あるいは問題をめぐる雑談などなど)にこそ目を向けるべきではないだろうか。

4 もちろん、これらの調査結果を読み解く場合、実施時期や対象地域の相違もさることながら、調査実施主体と回答者の関係、すなわち、当該調査主体への好意的態度を持つかどうかという点が回答状況を左右することは留意せねばならない。

5 各評価の目的は、2006(平成18)年度の説明パンフレットより引用。

6 「フィードバック面接」は現場で好意的に受けとめられており、授業について管理職と話をする機会が皆無に近かったという現状を変更するための1つの契機となる可能性を持つ。

7 これら評価項目の内容と構成は、2年間の準備期間とそれに続く2年間の試行を経る過程で様々な場面での検討を通じて幾度も練り直されている。他地域で進められている評価制度との比較検討作業を待たねばならないが、管見の限りでは、ここまで詳細な評価項目は他地域ではみられないことを述べておく。

8 試行期間中は、個別項目のチェック方式ではなく、「積み上げ方式」による評価方法が採用されていた。それは、各力量を構成する複数の基準が並列ではなく、教師の力量が段階的に積み上がって形成されていく、すなわち、能力形成の1つのモデルを示すための方式であったと言える。もちろん、Y県が試行期間中に試みた「積み上げ方式」が"本当に"能力形成のモデルになっているのかどうかは確かめることは不可能である。そもそも「能力」を普遍的に定義することは困難である。仮に「能力」を定義できたとしても、実際の行為を評価指標と照合して評価する時点で、その行為がその基準に合致しているのかどうかについて私たちは確かめようがない。また、そうした「積み上げ方式」では、例えば第一段階に設定された内容ができていなくても、第二段階に設定された内容ができている場合をどうするのか、という問題が発生し、評価しづらいという声が多く寄せられたのも事実である。だが、試行期間中を通じて示された「積み上げ方式」の評価方法が、教師の力量がどのようにして形成されるのかについての1つのモデルとして学校現場に伝達されていったことは、その伝達具合が十分とは言えなかった

としても、1つのイメージを具現化した点で重要な意味を持ったのではないだろうか。
9 ただし、評価のための指標が唯一無二の能力形成モデルとして受容されてしまう可能性は常につきまとう。モデルは多様かつ改変可能だという意味も評価指標とセットにして維持し、流通させていくことが重要である。
10 諸田（2006）で、教育課程改革の学校現場における現状についてインタビュー調査データをもとに報告している。参照されたい。

文献

苅谷剛彦・河野銀子・金子真理子・妹尾渉・川上泰彦・諸田裕子・勝野正章・伊藤安浩・油布佐和子, 2008,「『教員評価』の制度化とその問題点」『日本教育社会学会第60回大会発表要旨集録』(2008年9月19, 20, 21日・於：上越教育大学), pp.5-10.

苅谷剛彦・諸田裕子・妹尾渉・金子真理子, 2009,「教員評価」『検証 地方分権化時代の教育改革』岩波ブックレット752.

勝野正章, 2001,「教員評価と教師の専門性」『日本教師教育学会年報』第10号, pp.61-66.

菊地栄治, 1996,「現代日本における教員評価の虚像と実像―先行研究の再検討」佐藤全・坂本孝徳編『教員に求められる力量と評価《日本と諸外国》』東洋館出版社.

―――, 2001,「教員評価の現代的課題」『教育展望』47巻1号, pp.44-51.

中央教育審議会初等中等教育分科会教育課程部会, 2006,「審議経過報告」（平成18年2月13日付）.

中田康彦, 2005,「教員評価で失敗はどう位置づいているか」『教育』55巻3号, pp.12-19.

諸田裕子, 2006,「教育資源としての『時間』『ヒト』『モノ』―東京都・中学校調査インタビュー記録より」「平成15年度―平成17年度日本学術振興会科学研究費補助金（基盤研究B）教育課程編成をめぐる行政・学校・地域のダイナミクス―地方分権化施策の実態―研究成果報告書」（平成18年3月研究代表者陣内靖彦東京学芸大学）.

諸田裕子・金子真理子, 2006,「教育改革の社会学―地方分権化時代の教育課程と教師」『日本教育社会学会第58回大会―7部会教師(2) 学会配付資料』.

―――, 2009,「教育改革の社会学―地方分権化時代の教育課程と教師」『東京学芸大学紀要 総合教育科学系』第60号, pp.523-545.

文部科学省, 2007,『文部科学省白書〈平成18年度〉教育再生への取組／文化芸術立国の実現』国立印刷局.

矢野眞和, 2001, 『教育社会の設計』東京大学出版会.
―――― , 2007, 「国は教育にどうかかわるべきか」『経済セミナー』No.628, pp.27-31.

4章 新しい学力観に基づく無試験の大学入学選考制度の興廃
―― オレゴン州の経験に学ぶ

橋本　昭彦

1節　はじめに

　1994年、オレゴン州では、理想のようにみえる州立大学入学者選考制度が始動していた。Proficiency-based Admission Standards System、略称PASS(パス)である。PASSは、直訳すれば「熟達度に基づく入学基準体系」となる。この制度を一言で言えば、大学入学希望者に対して、プロフィシエンシー（熟達度）という新しい学力観に基づく学習内容規準に準拠し、その学力評定を認定された高校教師が行う原則のもとで、書類選考によって入学の可否を決定する仕組みである。

　PASSが理想的と思われるのは、第1にそのよって立つところのプロフィシエンシーという新しい学力観であり、第2には志望者に受験準備学習を強いることのない学力評定の方式である。前者のプロフィシエンシーとは、オレゴン州が1991年の「21世紀のためのオレゴン教育法」で打ち出した、行為する学力・見える学力を意味する新概念の学力像である。州教育省では、公立の全小中高等学校が準拠すべき「オレゴン・スタンダード」と呼ばれる学習内容規準を作り、スタンダードに沿った学力が身に付いているか否かを見るための一連のアセスメント（考査）の体系を作成した。その学力像に基づいて、オレゴン州立大学機構（州立7大学で構成）でも独自の学習内容規準を一覧化した。後者の学力評定では、高校教師が生徒への作品評価や観察評価を行うための評価基準を定め、高校間・教師間で評定に甘い・辛いという不公平が出ないように研修と評定資格認定の仕組みを整備した。

PASS制度は、経済界からの公立学校教育への要求に応え、学習者の未来を切り開くものとして、州の教育政策関係者の期待を集めた。州内外はもちろん、わが国でもシンポジウムなどを通じて宣伝され、一定度の注目を浴びつつ2001年度から運用が始まったが、この制度を利用して入学した学生は少ない。SAT試験などの従来型の考査を経て入学してくる学生が大部分を占める状況が続いており、失地回復する見込みはないものと思われる。このように、PASSは、普及に失敗した制度ではある。しかし、その合理的な理想や、制度設計の周到さは、高大の教育接続を課題とする他地域にとって、学べる余地が大きく、その後のオレゴンの教育改革にも影響を与えている。

PASSの詳細についてはすでに発表しているので、本章では概略しか示さない[1]。本章では、大学・高校教育の現場においてPASSが定着しなかった状況を、既存の研究成果によって確認した後で、近く予想されるPASSの「廃絶」後に、州の教育界に残される遺産についての展望を試みたい。「理想的」ともてはやされた高大の教育接続制度を、ただの打ち上げ花火に終わらせることなく着実な教育実践へとつなげようとする関係者の足跡を描くことが本章のねらいである。

2節　高校教育にかかわる2系統のスタンダードとPASSの概略

PASSについての詳細は前著にゆずることとしたが、1つだけ確認しておきたいのは、教育の内容規準・評価基準が、州教育省によるK–12（幼稚園から高校までの学校教育）体系のものと、大学機構側のPASS独自のものと、2系統が併存しており、PASSにかかわろうとする高校は両方にかかわらざるを得ないということである。

州教育省のスタンダードは、K–12の各学年における、各教科領域についての学習指導要領のような文書である。各学年でスタンダードを満たしているかどうかは、毎年行われる州統一アセスメントや教師による観察評定など、プロフィシエンシーを測るにふさわしいように工夫された評価方法によって

評価される。児童生徒にとって、各学年のスタンダードを満たすことは、べつに進級や卒業のための必須条件ではない。ただ、インセンティブを高めるために、一定のプロフィシエンシーの修得を証明できた者には修了資格証が授与される。すなわち、第10学年以降は、10学年相応の到達度が認定され次第、「基礎教育修了資格証」(Certificate of Initial Mastery; CIM) が取得でき、さらに「応用教育修了資格証」(Certificate of Advanced Mastery; CAM) の取得が勧められる[2]。

一方、州立大学機構が定める PASS 入学のためのスタンダードは、英語、数学、自然科学、第2言語、芸術、社会科学の6内容領域にわたって、31の観点からなる。英語の例でいえば、「用途に応じた書き方ができる」など6つの観点があって、それぞれについて「できるか・できないか」を高校が提出した成績資料から判定する。31観点のうち18は大学入学のために「必須」の観点であり、それらを全て満たせば特に試験を受けなくても入学が認められる[3]。

PASS の入学基準では、多様な属性の入学志望者に対応するため、数種類の評価手段が用意されている。主要な3種を簡単に紹介するが、筆頭に PASS 認定教師による評定 (PASS Teacher Verification; PTV) が挙げられる。これは、オレゴン州立大学機構から必要なトレーニングを受けて認定された高校の教師が付けることができる評定である。認定教師は、自分の担当科目の入学スタンダード1つ1つについて、授業期間中の生徒の発表・作品・提出物その他を根拠として評定を付ける。18ある PASS の「必須スタンダード」のうち3項（英語・数学・自然科学が各1項）は PTV しか評価手段がない。PASS の制度設計上この PTV が主たる評価手段であり、オリジナリティも強い。次いで挙げられるのが、前述した CIM の読み替えである。18の「必須スタンダード」のうち、英語の1項、数学の2項、科学の1項の計5項目が CIM によって自動的に満たされる。さらに、SAT などの全国的なアセスメントも部分的に読み替えられる。PASS の31のスタンダードのうち、SAT の得点による読み替えが利くものは9項目ある他、国際バカロレア (IB) の成績は22項目、アドバンスト・プレイスメント (AP) の成績は18項目、それぞれ読み替えが利く。以上の3種の他にもオレゴン州内のテストなど、個別のスタンダードごとに特殊なア

セスメントが指定されているが、本章では紹介を省略する。

3節　選抜装置としての失敗とその要因

1　運営面の困難

　PASS の運用は2001年から始まったが、新たな入学者選考方式として機能させるという意味では、すでに失敗している。利用者数は伸び悩み、学区によっては利用しないことを決めており、挽回の目途は立っていない。PASS の利用は、運用当初から希望制であって、従来型の入学者選考資料である SAT 受験成績や高校の内申書の成績 (Grade Point Average; GPA) の利用を選択する者が断然多かった。オレゴン州立大学機構7大学では、PASS を利用した入学者が最も多いオレゴン州立大学 (Oregon State University; OSU) でさえ2003年の秋の新入生3,018人のうち、PASS の成績調書を提出した者は750人である。その他のキャンパスでは、学都ユージーン市のオレゴン大学 (University of Oregon; U of O) や最大都市ポートランド市にあるポートランド州立大学 (Portland State University; PSU) では開始数年でそれぞれ数名程度であり、農村部にあるウェスタン・オレゴン大学 (Western Oregon University; WOU) でも例外的な取り扱いがみられるばかりである。

　利用者数が少ない理由としては、オプション的な選考手段という位置づけの他に、PASS 運用の事務的な制約が挙げられる。何よりも、2種類が併行するスタンダード＋評価の体系が、高校生の成績を評価・管理する高校現場・学区事務所の過剰な負担になることが根本的な原因である。そこから派生する要因として、研修体制の不十分さ、PTV 有資格教員の少なさ、成績処理・データ管理のための物件費や人件費などの財政問題などがある。その他にも、教育改革の内実にかかわる本質的な要因としては、PASS のもたらす新しい教科構成・カリキュラム・授業の組み立てそのものに対する高校教師の抵抗感や、高校側に選抜のための評価を委ねることへの大学教師の不信感も PASS が進まない要因だということを別稿で指摘した[4]。

　オレゴン大学のあるユージーン学区の事務所では、高校教育担当者が学区

としては PASS を使わないという。「PASS は使いにくい。大学ごとに位置づけが違う。生徒に人気がない。そのわりに、余分な仕事を強いられる。高校の教育スタンダードに接続していない中で、入学選抜のためにだけ評価をするのは無駄だ」と言う[5]。同学区内の高校に他州から異動してきた科学の教諭は、「プロフィシエンシーを身に付けさせるやり方は、理念はいいけど時間やお金がないという現実がある。PASS も最初は、いいかなと思ったけど、大学が使わないから意味が薄れる。評価に時間がかかるし、教育の本体ではない」と言い、ワークショップの研修を受けた PTV 教師を揃えた同校でも、結局は学校の方針・学区の方針として PASS は使わないことにしたと言う[6]。同じ高校の進路指導のカウンセラーは、「個人的に利用希望があれば対応することにしているが、希望者はほとんどいない。PASS は大学入学の代替手段(オルタナティブ)だからだ」と言う[7]。同学区の別の高校の教諭も、「PASS よりも CAM をやる方に重点を置いている。PASS は知られてもいない。生徒も知らないし、ニーズがない。大学自身も GPA を使っている。大学の先生もみんながみんな知っているとは限らない」[8]「(卒業生の多くを占める) 州外大学に進学する学生のためには使えないし、成績評価に2重に手間がかかるので使いたくない」[9]という。最大規模のポートランド学区でも、州都のセイラム学区でも事情は似ている。セイラム学区の高校教諭は、「ポートランド学区もセイラム-カイザー学区も PASS は使っていない。私個人は大学機構の PASS の委員会に出ているが、学校としてはやっていない。教師たちは工面できる時間がないので、やりたくない。子どもも親も誰もやりたくない。個人的にはプロフィシエンシーベースはよいと思うが、時間がとれない。」[10]

以上のように、PASS は州立大入学のための必須要件でないばかりか、州外の大学を志望する高校生にはほぼ無関係なので、高校側では取り組むメリットがあまりないのである。

2　州政府・大学側の施策後退

このように紹介すると、PASS が普及しなかったのは高校現場における労務負担回避への圧力や動機づけの不在だけが原因のように見えるかもしれな

い。しかし、そうした現場の状況は財源の手当てをほとんどしなかった州政府や PASS 成績の活用を進めなかった大学側が作り出している面もありそうだ。PASS 開発期・導入期の頃には高校と大学の連携やスタンダード理解や評価法に関する研究会や合宿の開催で熱気があったものが、2001 年度の正式導入後は、経済状況の悪化等を背景に取り組みの縮小がみられたことや、PASS 優等生への奨学金が1年で打ち切られたことなどは、拙稿でも紹介した[11]。しかしその後、学区から得た情報ではさらに劣悪な取り組み状況がみられる。

　ポートランド近郊のノース・クラカマス学区事務所では「州は CIM・CAM は後押しするつもりがあるが、PASS については財政的にサポートしていない」「PASS の話は長いことしたことがない。保護者も PASS というものを知らない。過去には、PASS に対する一定の期待はあった。ジョイント・コラボレーションなどをするなどの一定の活動をしていた。大学と高校との協力関係は以前にはあったが今はない。学区にはリソースもない」[12]という話を聞いた。また、ユージーンの高校でも、「4年前には、PASS による高大接続に関するミーティングがあったが、最近はもうなくなった。ここ2年間、PASS は名前すら聞いたことがない」[13]という話を聞く。資金源が枯渇して高大連携の作業も途絶えたというところである。

　高大の連携のみならず、大学内部でも PASS への対応をめぐる不徹底は放置され続けたようである。高校の進路指導担当カウンセラーは、「PASS は当初大学が入学選抜に使うと言っていたのに、実際には使わなくなっているので、先細りしている」[14]という。また、進歩的な学区で PASS の理想を実現しようとしても、大学側で受け入れの準備を整えていないことは、「各大学の入学担当者（recruiters）は、PASS について教師や保護者が質問しても答えることができない。彼らは、旧来の GPA と SAT のことしか語らない。」、「州教育省とは、PASS の基準をクリアしたら（より程度が低いはずの）CIM の資格証が取れることにしてほしい、と掛け合った。でも、州は CIM のテストを受けないと PASS の成績は認めないという。〈PASS の基準を満たせば、それで十分ではないのか？〉と念を押すのだが、州教育省は連邦政府の（州の統一試

験を重視する）政策を気にして、CIM の試験は受験するように、と言う。」「そもそも、PASS は、大学側が〈大学入学に十分な学力を身に付けるための体系〉として提案してきたものだ。我々はそれを気に入って、成績評定の方法も身に付けた。PASS は、大学に入ってからの成功可能性を SAT や GPA よりもはるかによく予測する。そんな PASS をどうして使わないというのか。私には理解できない。大学機構には、せめて PASS を SAT や GPA と対等に扱うように求めている」「おそらく、PASS の成績はコンピュータで機械的に処理できないのだ。実際に内容を見る必要がある。ところが大学の入学事務室では、PASS 成績のほかに、旧来の成績書類も山ほど押し寄せる。志願者から提出される書類が多すぎてデータを見るのに忙しすぎるようだ。その点、PASS は非効率的なのだ」などと語る学区の学務担当者の言葉から裏づけられるであろう[15]。

　このように、PASS の普及については明らかに施策の停滞がみられる。PASS についての人々の理解を促進し、実施方法を広め、資源を支弁すべきところ、大学や州政府では有効な対策を取らなかった。州は、大学機構の総長室予算を1,200万ドル削減し、その影響で完全実施すべき PASS についての手当が十分にできなくなったという。その結果、2005年8月1日に PASS のオフィスは縮小し、博士号を持った推進担当者は転出した。スタッフも慣れた人が交代して明確なリーダーシップを発揮しにくくなった。予算の削減は厳しくて、高校と連携したりできないし、PASS の維持が難しい状態に陥った、と言う[16]。

　大学としては、せっかく高大間の打合せや研究会を設定したのに、各校からまんべんなく派遣を仰ぐよりも、特定校から多く集める集中方式をとるべきであった、との反省の声も聞かれた[17]。

　以上で、PASS が入学者選抜装置としてはうまく機能していなかったこと、その理由として、PASS の原理が否定されているというよりも、投下する手間や資源に応じた便益が回収できないことや、教育政策側や大学側で徹底した実施態勢を整えなかったことなどがあったことが理解できるであろう。

4節　教育装置としての成果

1　州教育省高官のある「総括」

　選抜装置としては失敗したPASSではあるが、新しいカリキュラム・授業・学力評価の形を提案する教育装置としては局所的・部分的な成果を挙げている。筆者の現地調査において、インタビュー等を通じて多くの情報を提供してくれた協力者の1人であるオレゴン州教育省首席政策官のパトリック・バーク（Patrick Burk）氏は、PASSの開発期・導入期を通じて、図4-1に示したような4つの成果があったという。

---

1. 学習スタンダードに基づく考査、というカルチャーを州立大学の中に埋め込んだ。
2. 大学と幼小中高の教員間の協働関係を醸成した。
3. 生徒の作品や提出物を、「熟達度」（プロフィシエンシー）という観点から評価することに焦点を当てた。
4. 生徒に大学生活に備えた適切な準備学習をさせるために協働できる集団を大学と高校の内部に産み出した。

（出典：Patrick Burk「州政府の高大接続施策〜高校現場の実態に根ざす多様な実践〜」、国立教育政策研究所・文部科学省共催の平成20年度教育改革国際シンポジウムの発表資料（橋本訳）、2009年3月。）

図4-1　PASSのもたらした教育上の成果

　バーク氏の説明によると、PASSのもたらした教育上の成果とは、大きく2種類に分けられる。第1が大学を目指す高校生の学習を評価する「方法原理」面での成果であり、図4-1の1と3が該当する。第2がそうした高大の教育接続の問題に関心を持つ教員の集団が校種を超えて出てきたという成果であり、図4-1の2と4が該当する。筆者の見てきたところでは、これらの4項目は確かに認められる成果ではあるが、まだまだ萌芽的であると言いたい。ただ、指摘をしているバーク氏が、ポートランド市の公立学校の教師・校長を経て州教育省に入り、学務担当の次官となり、次官を退いて現在の職に至った人物で、教育改革が学校現場に与えた影響を広く見てきたオレゴン州教育界の重鎮であるので、その観察は重視すべきであると考える。そこで本章では1990年代のPASSの開発過程における成果と、1999年以降の試行・実施過程における成功事例を紹介し、バーク氏の見方を肉づけしてみたい。前者の

一部は筆者の旧稿[18]から採ったもので、後者は新たな事実の紹介である。

2 PASSの開発過程における高大連携事例

　大学機構では、いくつかの手法によって高大連携を組織し、PASSの制度改善やその運用方法の開発を進めた。1990年代にその開発・実験のために、地域の州立の高校・コミュニティカレッジ・大学をセットにした実践研究協力単位を組織し、これらを「PASS協力機関」(PASS partnership site) と称した。PASS発足の1994年度に4サイトが開設され、1995年夏にはこれに4高校が加わり、同年秋にはピュー慈善財団 (Pew Charitable Trusts) の財政支援を受けてポートランド学区の12高校も合流した。夏季には「サマートレーニング」と称する数泊の全サイト合同合宿を実施した。これはPASS自体の改善点や問題点の洗い出しと、PASSに基づく授業実践の進め方や評価の方法について出された知見を交換して、実践的なノウハウの形成を図るものであった。

　大学機構はまた、PASSの実践を広げるための研修の場として、「PASS協力校」と呼ばれる高校における研修会を開いた。協力校は1995年度には30校であったが、1998年度には60を数えるに至った。研修会の開催形態は年を追って多様化し、PASSの基準にしたがって生徒作品の評価する「評定研究会」(scoring session) や、高校間・評価者間の評定較差の解消を目指す「調整研究会」(moderation session) などが実施された。

3 PASSの試行・実施過程における高大連携——オレゴン州立大学の事例

　大学機構の傘下7大学の間では、PASSの取り組みに温度差があったが、前述したようにコーバリス市にあるOSUだけは、1999年の前倒し試行開始以来、PASS利用による新入生を年間100人以上受け入れている。OSUの新入生においても最も主要な入学選考資料はGPAではあるが、PASS成績をそろえた生徒は専攻決定において優先的に扱われる。「PASS成績を取った生徒は、よく準備ができている。大学でよくやるし、残留率が高いから」という理由によると言う。

　OSUがPASSによる高大接続に力を入れているのには、独自の背景がある。

それは、OSUでは州内出身の学生が85％にのぼる「地域密着型」大学なので、州立高校からくる生徒も多く、高大の連携を取る余地が大きいことである。ちなみに、ユージーン市にあるオレゴン大学は新入生の60％くらいが州内出身であるから、全学生の絶対数が多いことも手伝って、PASSが利用できない入学生の数が格段に多い。また、OSUではAPやIBクラス出身者の優先採用も行っており、PASSとは親和性が高い。各高校では、進路指導担当のカウンセラーはOSUがPASSに力を入れていることを知っていて、必要な学生にPASS利用を促してくれるし、保護者たちにもPASSを満たすための要件などについての説明をしてくれる。

OSUでは、手間がかかるといやがられがちなPASSの選考事務についても独自の工夫をしている。入学志望者のデータ管理システムを民間会社との提携で開発し、PASS情報を含めたデータ入力・データ管理を容易にした。その成績管理の作業は在学生の設立した会社に委託してやってもらっていて、安い人件費でデータの入力作業ができる。ちなみに、入学事務室には職員が30人居るが、19人がPASS担当者である。

PASSで入ってきた学生たちはよく勉強するし、大学教育によく適応するという。この大学は、少人数指導が手厚い大学だが、PASS入学者は知識学習は進んでいるので、すぐに実技的学習に入れる。例えば、海洋学科に入った学生は、1年生のうちから海洋実習に行けるという。

ただし、高校でうまくPASSを導入している高校は多くはない。次に見る学区の例もレアケースである[19]。

4　PASSを中心とした授業作り──ビーバートン学区の事例

PASSに熱心に取り組んでいる数少ない学区として有名なのがビーバートン学区である。ビーバートンは、大都市ポートランド近郊の町で、丘陵の間に住宅地域や大企業の工場があり、比較的裕福な地域として知られる。ここでは、同学区内の2高校のPASSに対する取り組みを見てから、学区事務所の担当者に尋ねた関連施策について紹介したい。

まずは、州のCIM取得率が60％にもなる学習熱の高い高校として知られ

4章　新しい学力観に基づく無試験の大学入学選考制度の興廃　91

るサウスリッジ高校では、生徒の学習プロファイル管理・成績管理に力を入れている。生徒は自分の CIM の取得のための要件をはじめ、PASS 入学に必要な要件を集めて、自分用のチャートに書き入れてゆくという。同校では、進路指導担当のスクール・カウンセラーの他に、非常勤嘱託（週35時間労働）の「CIM セクレタリー」がいてデータを管理しているので、生徒が自分の成績を管理するのも容易になっている。学区の方針として、「テスト不安症など、評価になじめない生徒たちには、州が指定する代替のアセスメント (Juried Assessment) を駆使して対応している」としており、積極的に生徒に実績を積ませている様子がうかがえる。学区全体で、高校卒業時の証書類(ディプロマ)は、CIM のテストをとりあえずクリアした卒業生に対する「ベーシック・ディプロマ」、テストのみならず提出物 (Work Sample; WS) でも所定の評価を得て CIM を取得した卒業生に対する「スタンダード・ディプロマ」、さらに PASS 及第レベルの成績を取った場合の「オナー・ディプロマ」の3段階にする予定を立てていた。大学進学者の9割は州外の大学等に進むため、PASS 成績をそろえてオレゴン州立の大学に入る生徒は多くはないが、IB コースの生徒はほぼ自動的に PASS 及第資格が取れるなど、PASS を1つの学力付与の目安にしていることが分かった[20]。

　次に、同じ市内のアロア高校でも、サウスリッジ高校と同様に学区の支援のもとで、PASS を活用して大学進学レベルのプロフィシエンシーを身に付けるということであった。PASS の研修を受けて PTV 資格を持った教師による数学の AP コースのクラスを設けており、その中で、PASS のスタンダードを使って授業作りを行い、生徒各人の学習の目標管理をしているとのことであった[21]。

　最後に、ビーバートン学区事務所の PASS への施策と、その評価ぶりについて、聞いたところを紹介しておく。

　まず、PASS 関連の施策についていえば、同学区では、高校の英語や数学の教師たちは、州が要求するワークサンプル（＝ CIM を取るための作品や課題の評価）を生徒にやらせないという。教師たちは、PASS の基準に合う授業をしてきて、それにふさわしいエビデンス（成績を付ける根拠）集めをする。学

区では、そうして独自に集めた作品や評価材料等で「ワークサンプル相当」と認定して成績データの中に登録するという。すなわち、州が重ねた屋上屋のような2重の基準に振り回されずに、PASSを授業の根幹にすえ、評価の基本原理にしようとする見識がみられる。

次に、PASSの影響について聞いたところを整理してみる。生徒たちはPASSのスタイルの教育に慣れてきており、「大学を目指す勉強とは、どのようなものか」を理解し始めたという。でも、より重要なことは、むしろ生徒よりも教師が変わったことだという。PASSに準拠した授業をしようとすると、昔と同じような授業はやっていられないという[22]。けだし、PASS準拠の授業は、それを学ぶ理由も方法も、また満足な学習成果を判定する基準も明らかにしながら行うものである。教師の側にも一層の修練が必要とされるものなのであろう。

5節 おわりに── PASSによる次代への教訓と示唆

本章でみてきたように、選考制度としてのPASSは一部キャンパスを除いてほとんど普及しないままできた。恐らくは、「失敗」した制度として早晩静かに消滅することと推察される。しかしながら、PASSが内包していた学習観・授業スタイル・高大連携による学力育成等は、その種を胚胎させ、次代へと送られた形であり、先にみたPatrick Burk氏の見立ては一定の説得力を持つと考えられる。すなわち、①「プロフィシエンシー」という一種の「生きた学力」を基幹にすえた学習スタンダードに基づく教育を、K-12から大学への教育接続の中で実現しようという学習カルチャー、②K-12から大学までの各教育段階の教員間の協働関係の醸成、③「プロフィシエンシー」という観点から生徒を評価すること、など、現代の教育接続の課題に応える明らかな方向性を示すための理論と実践が胚胎したと見られる。

このPASSの精神と遺産を受け継ぐ次の施策とは、さしあたり「エクステンデッド・オプション」「新ディプロマ」という新しい施策であろう。いまそれらを紹介する紙幅はないが、これらはいずれも「プロフィシエンシー」を

中核とした、高校生のための新たな学力保障施策としてすでに2006年から始動している[23]。この新施策のもとで、PASSに準拠するかたちで広まりかけた教育・学習がどのような展開を見せるか。それを追って、改革の行方を見極めることが、この研究の次の課題である。

注

1　拙稿「新しい接続制度の導入期における諸問題―オレゴン州PASSの理想・現実・展望」(荒井克弘・橋本昭彦編『高校と大学の接続』玉川大学出版部、2005年、第7章)参照。なお、わが国においてPASSを紹介した早期の業績には、池田輝政「オレゴン州のチャレンジ：世紀の変わり目におけるK-16の教育改革」(『教育制度学研究』第4号、1997年)、横井敏郎「高校教育と大学教育の接続をめざした教育改革―オレゴン州のカリキュラム改革とアセスメント・システム」(『大学教育における大学・地域連携の意義に関する実証研究―ポートランド州立大学のキャップストーン・プログラムと北大』北海道大学高等教育機能開発総合センター・生涯学習計画研究部、2001年)、山岸みどり「オレゴン州における到達度評価に基づく大学入学者選抜― Proficiency-based Admission Standards System (PASS)」(同前書収載)などがある。

2　CIMは、州の統一テスト(アセスメント)の得点と、「ワークサンプル」と言われる生徒の作品・提出物・口演などを担当教師が絶対評価して得た評点を合わせた点数によって授与される。州教育省等のウェブサイトによれば、実際の取得率はCIMの場合で公立高校生の2～3割である。取得しないと卒業できないというものではないが、学習成果の1つの目安として高校教育界にはほぼ受け入れられている。河野銀子「高校教育修了資格のゆくえ―オレゴン州のCIM・CAMの動向」(荒井克弘・橋本昭彦編著前掲書、第8章)を参照。

3　大学機構のPASSについては、ウェブサイトがあるが(http://www.ous.edu/pass/)最近は目立った更新もない。

4　前掲拙稿。

5　ユージーン学区事務所・高校担当Sam Tupou氏へのインタビューによる。ユージーン市、2004.10.6。

6　シェルドン高校・科学教諭Isaac Sanderson氏へのインタビューによる。ユージーン市、2004.10.4。

7　シェルドン高校・進路指導担当カウンセラーCarey Beneke氏へのインタビューによる。ユージーン市、2004.10.4。

8　サウス・ユージーン高校・社会科学教諭Steven Smith氏へのインタビューによる。ユージーン市、2004.10.5。

9 ウィンストン・チャーチル高校・科学教諭 Tim Whitley 氏へのインタビューによる（五島政一・松尾知明と共同質問）。ユージーン市、2004.10.5。
10 マクネアリー高校・数学教諭の Marie Cramer 氏へのインタビューによる。カイザー市、2004.2.17。
11 前掲拙稿。
12 ノース・クラカマス学区事務所・高校教育担当 Matt Utterback 氏へのインタビューによる。ミルウォーキー市、2005.10.11。
13 ウィンストン・チャーチル高校・科学教諭 Tim Whitley 氏へのインタビューによる（五島政一・松尾知明と共同質問）。ユージーン市、2004.10.5。
14 シェルドン高校・進路指導担当カウンセラーの Carey Beneke 氏へのインタビューによる。ユージーン市、2004.10.4。
15 ビーバートン学区事務所 Gary Sehorn 氏へのインタビューによる（河野銀子・松尾知明と共同質問）。ビーバートン市、2005.10.11。
16 PASS の導入事務室の Mark Endsley 氏へのインタビュー（札幌市、2005年6月23日）、ポートランド州立大学で PASS 導入作業にあたった Dalton Miller-Jones 教授へのインタビューによる。ポートランド市、2005年10月10日。
17 Dalton Miller-Jones 教授へのインタビューによる。ポートランド市、2005年10月10日。
18 前掲拙稿。
19 以上この項は、オレゴン州立大学・入学事務室長、Michele Sandlin 氏インタビューによる。コーバリス市、2004.2.16。なお、この時のインタビューの際に、PASS 導入に熱心な学区や高校のメモを手渡された。それには、ビーバートン、ジャンクションシティ、サンセット、フォレストグローブ、ローズバーグ、グレシャム、ベンドなどの学区名が書かれていた。
20 サウスリッジ高校校長の Sarah Boly 氏へのインタビューと校内参観による。ビーバートン市、2004.2.13。
21 アロア高校教頭 Art Heckel 氏・同校教諭 Misao Sundahl 氏へのインタビュー。ビーバートン市、2004.2.18。
22 ビーバートン学区事務所 Gary Sehorn 氏へのインタビューによる（河野銀子・松尾知明と共同質問）。ビーバートン市、2005.10.11。
23 エクステンデッド・オプションについては http://www.ode.state.or.us/search/results/?id=350、新ディプロマについては、http://www.getreadyoregon.org/、を参照（2009年1月閲覧）。

文献

池田輝政, 1997,「オレゴン州のチャレンジ：世紀の変わり目における K-16 の教育

改革」『教育制度学研究』第4号．
山岸みどり，2001，「オレゴン州における到達度評価に基づく大学入学者選抜—Proficiency-based Admission Standards System (PASS)」『大学教育における大学・地域連携の意義に関する実証研究—ポートランド州立大学のキャップストーン・プログラムと北大』北海道大学高等教育機能開発総合センター・生涯学習計画研究部．
横井敏郎，2001，「高校教育と大学教育の接続をめざした教育改革—オレゴン州のカリキュラム改革とアセスメント・システム」（同前書収載）．
橋本昭彦，2003，「オレゴン州の新しい大学入学システムに関するインタビュー」『高校と大学の接続—選抜接続から教育接続へ』（科研報告書），東北大学，pp.324-37.
――――，2005，「新しい接続制度の導入期における諸問題—オレゴン州 PASS の理想・現実・展望」（荒井克弘・橋本昭彦編『高校と大学の接続』玉川大学出版部，第7章）．
――――，2007，「オレゴン州における『高大無試験接続』の理想と現実—州立大学機構 PASS 制度の事例に学ぶ」『今後の後期中等教育の在り方に関する調査研究 中間報告書』国立教育政策研究所，pp.169-189.
松尾知明，2010，『アメリカの現代教育改革—スタンダードとアカウンタビリティの光と影』東信堂．

　本章は，「新しい学力観に基づく無試験の大学入学選考制度の興廃—オレゴン州の経験に学ぶ」（『クオリティ・エデュケーション』国際教育学会誌，第2号，2009年3月，pp.79-91）に若干の補訂を加えたものである。

5章 大学入学者選抜は高大連携活動をどこまで評価すべきか？
―― 「評価尺度の多元化・複数化」がはらむ
大学入学者選抜制度の自己矛盾

木村　拓也

1節　問題の所在――大学入学者選抜の多様化政策とその帰結

　今日まで続く、大学入学者選抜の多様化政策の根底には、1985（昭和60）年6月26日の臨時教育審議会（以下、臨教審）第1次答申でいみじくも述べられたように、「偏差値偏重の受験競争の弊害の是正」といったねらいがあり、「学力検査の点数」重視から脱却し、「人間を多面的に評価し、選抜の方法や基準の多様化、多元化をはからなければならない」（臨教審 1985/1987: 28）ことが意図されていたことは、今となっては周知のことであろう。1991（平成3）年4月19日に出された中央教育審議会（以下、中教審）答申「新しい時代に対応する教育の諸制度の改革について」では、学力検査を免除する入学方法としての立ち位置を築きつつあった推薦入学が、この聞こえのよい「理想」に沿う意味で、第1に、「不本意入学を避け、その大学への進学を強く希望する意欲ある学生を受け入れる」方法として、第2に、「偏差値重視や点数絶対主義を改めていく上で、また、高校生活をその目的に添って有意義にすごさせる上で有効な一制度」として再定義され、「できるだけヴァラエティに富んだ個性や才能を発掘、選抜するため、点数絶対主義にとらわれない多元的な評価方法を開発する」ことが正当化されてきた。その際、「実際」に例示された「評価尺度の多元化・複数化」とは、1. 学力基準の多元化・複数化（調査書、面接、小論文、実技検査）、2. 特定の能力に重点を置いて選抜する方法、3. 部活動・生徒会活動・取得資格・社会的活動その他を参考にする方法、4. 海外帰国生徒、社会人、職業高校卒業生を対象として、一般の志願者と異なる

方法により選抜する方法、5. できるだけ出身高校が広範囲に分散するように入学させる方法、である（中教審1991）。

では、そうした大学入学者選抜の多様化政策が掲げてきた「理想」が、ここに挙げられた「方法論」によって、実際に制度化に移された際、どう「現実」として帰結したのであろうか。本章では、この問題枠組みにしたがって、ここ10年ほどに大学入学者選抜の多様化政策が高大接続の「現場」にもたらした影響を証拠に基づいて（evidence-based）吟味することに研究の目的を設定したい。

2節　大学入学者選抜の多様化政策における「理想」と「現実」

先述した、「偏差値偏重の受験競争の弊害の是正」・「学力検査の点数」重視からの脱却・「人間を多面的に評価し、選抜の方法や基準の多様化、多元化をはからなければならない」という「理想」を制度化する際に、基軸となったのは、1999（平成11）年12月16日の中教審答申「初等中等教育と高等教育との接続の改善について」で示された、アドミッション・ポリシーの明示という方向性である。「これまでの偏差値に基づく進路選択や選抜機能に偏った入学者選抜ではなく、学生の求めるものと大学が求めるものとの適切なマッチングが必要である」との考えから、「各大学（学部・学科）は、その教育理念、教育目的、教育課程の特色等に応じた多様で確固とした、特色ある入学者受入方針（アドミッション・ポリシー）の確立を目指すべきであり、入学者選抜方法もこの受入方針に沿って設計すべき」であり、その結果、「受験生は、このような大学（学部・学科）の教育の理念や特色に沿った入学者受入方針（アドミッション・ポリシー）に応じて、主体的、個性的選択を行うこと」が可能となるという論理(ロジック)が展開された（中教審1999）。だが、大学入学者選抜において、大学側主体の「選抜」から学生側主体の「選択」への変化を強調しすぎたために、新学力観的な情意概念（意欲・関心・態度）に焦点化された抽象的なアドミッション・ポリシーが今現在も多数乱立し、アドミッション・ポリシーに沿った受験生の主体的・個性的な大学選択という論理(ロジック)については、今なお

受験生や高校教員の認知度も低いのが実状である。

　こうして「理想」としては、アドミッション・ポリシーの明示によって、学生の主体的・個性的な選択を促進し、大学と学生の「よりよいマッチング」が意図されたものであったが、大学側には、アドミッション・ポリシーに沿って設計された入学者選抜における測定・評価方法の開発が丸投げされることとなる。わずかに例示されたのが、「当該大学（学部・学科）の教育理念や教育内容をよく理解」「より高いレベルでの自己実現を図ろうとする情熱」「明確な志望を持った学生」「十分な基礎学力を有し、かつ問題探求心・学習意欲・人間性に優れ」「研究者となることに熱意と適性を有する学生」といった程度でしかない（中教審1999）。

　こうした緩い制度設計のもとで実施に移された大学入学者選抜の多様化政策がもたらした「現実」をデータから浮かび上がらせてみたい。用いたデータは、全国の国公私立大学でAO入試を実施している大学学部を対象に2000（平成12）年から2007（平成19）年度まで実施した「AO入試の実施状況に関するアンケート」（回収率：平均76％）である。大学をランキングして分類してあるが、大まかな目安として、ランク1が旧帝大と都市圏上位私立大学クラス（偏差値55以上）、ランク2が地方国立大学・都市圏有名私立クラス（偏差値45以上）、ランク3が都市圏私立大学・地方上位私立大学クラス（偏差値38以上）、ランク4が地方私立大学クラス（偏差値38未満）と設定している[1]。

　まず、**図5-1・表5-1**は、小論文試験等の問題の情報公開状況を問うた質問項目の回答結果である。図5-1は、モザイク図と呼ばれるものであり、横軸における各クラスの拡幅が、そのクラスの度数に比例している。図5-1のモザイク図を見て、最初に指摘しておきたいのは、ランク1の大学が、2000（平成12）年から2007（平成19）年度の累計で1,888学部中111学部であり、AO入試実施学部のわずか5.8％にすぎないということである。大学入学者選抜の多様化政策は、東大や京大が推薦入学やAO入試を取り入れていないことが象徴的であるが、選抜性の高い大学にはあまり受け入れられなかった政策だということがここからもうかがえる。だが、少し立ち止まって「大学入学者選抜の多様化政策」がスタートした問題意識を改めて思い出してみると、

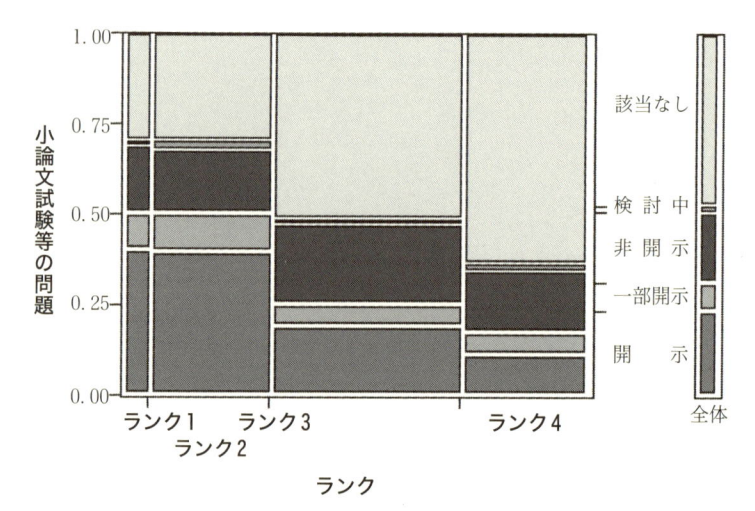

図5-1　AO入試の出題状況

表5-1　AO入試の出題状況

度数 行%	開示	一部開示	非開示	検討中	該当なし	計
ランク1	45 (40.54%)	11 (9.91%)	21 (18.92%)	1 (0.90%)	33 (29.73%)	111 (100.00%)
ランク2	198 (39.68%)	52 (10.42%)	90 (18.04%)	10 (2.00%)	149 (29.86%)	499 (100.00%)
ランク3	146 (18.99%)	49 (6.37%)	169 (21.98%)	10 (1.30%)	395 (51.37%)	769 (100.00%)
ランク4	58 (11.39%)	31 (6.09%)	87 (17.09%)	10 (1.96%)	323 (63.46%)	509 (100.00%)
計	447 (23.68%)	143 (7.57%)	367 (19.44%)	31 (1.64%)	900 (47.67%)	1,888 (100.00%)

本来、「偏差値偏重の受験競争の是正」(臨教審1985/1987: 28)や「学力試験による1点差刻みの選抜」(中教審1999)の是正が謳われたのは、「少数の有力大学を頂点として大学全体が序列化」するシステムから「多くの大学が、教育・研究において、特色を発揮し、競い合い、多選択型競争を促す構造、すなわち多峰型のシステム」(中教審1999)への転回を目指すためであり、そもそも「大学入学者選抜の多様化政策」とは、選抜性の高い大学に向けて放たれた改革目標であったはずだ。

そこで、改めて調査結果に立ち戻ると、そうした改革目標の対象とは真逆に、・ラ・ン・ク・の・中・位・以・下・の・大・学の入学者選抜制度・方法に多様化政策が大きな・影・響・を・与・え・たことが分かる。皮肉なのは、この質問項目自体は、本来、入試問題の情報公開状況を問うた質問であったが、翻って入学者選抜における入試問題の有無を問うたものになったことである。つまり、入試問題の情報公開を問うて「該当なし」と答えた大学には、入試問題が存在しないと読み取れる。全体では、47.67％の大学が、AO入試で入試問題が存在しないと答えており、ランクが下がれば下がるほどその傾向が顕著になる。ランク4の大学に至っては実に63.46％もの大学が、入試問題を課していない。

　まずこの点に「理想」に突き動かされた「大学入学者選抜の多様化政策」がはらむ矛盾の1つがうかがえる。入学者選抜方法の開発を丸投げされた大学側も、1991（平成3）年の中教審答申での例示でも明らかなように、学力基準の多元化・複数化といっても調査書・面接・小論文・実技検査を組み合わせるくらいの選択肢しか手がないのが現実なのである。結局のところ、「ヴァラエティに富んだ個性や才能を発掘」のお題目の名の下に推奨された「評価尺度の多元化・複数化」によって、入学者選抜における測定・評価方法の開発が丸投げされたことで、何の成績資料にもよらない大学入学者選抜の正当化につながり、「選抜期日」の規程を外していく[2]ことで、実質的には各大学でのなりふり構わない「学生獲得戦略」に政策的に手を差し伸べる状況を生みだしてしまったのである。

　次に、**図5-2**及び**5-3**は、大学側からの高校への進路指導に向けての注文を問うた質問項目群のうち、小論文と面接の練習についての要求度の項目（5件法）の対応分析の結果である。対応分析においては、類似した布置にある変数の相対的な関係を解釈する。図5-2を見ると、高等学校における小論文練習については、大学ランクの上位校で要求あり、下位校で要求なし、図5-3を見ると、高等学校における面接練習については、大学ランクの上位校で要求なしで、下位校で要求ありの傾向が見て取れる。ということは、「評価尺度の多元化・複数化」の第1に挙げられた「学力基準の多元化・複数化（調査書、面接、小論文、実技検査）」のうち、下位校になればなるほど、「小論文」

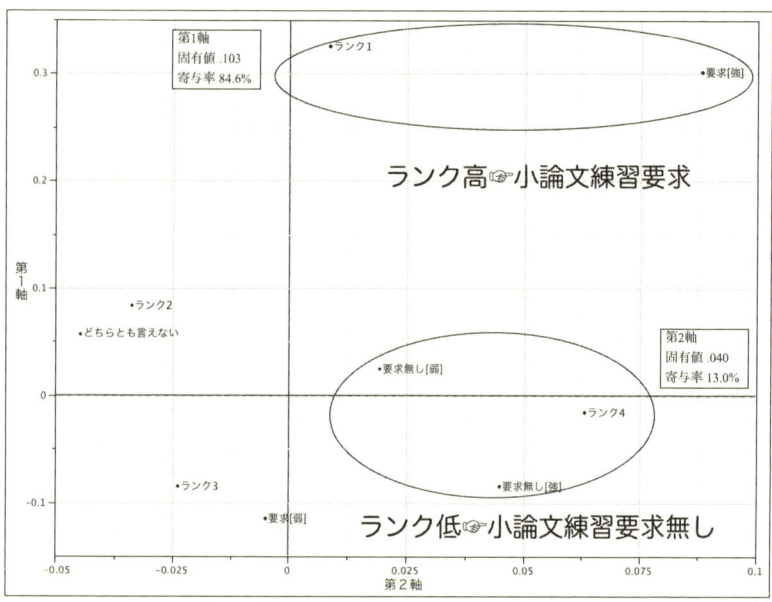

図5-2　高等学校に対する大学側からの小論文練習の要求度

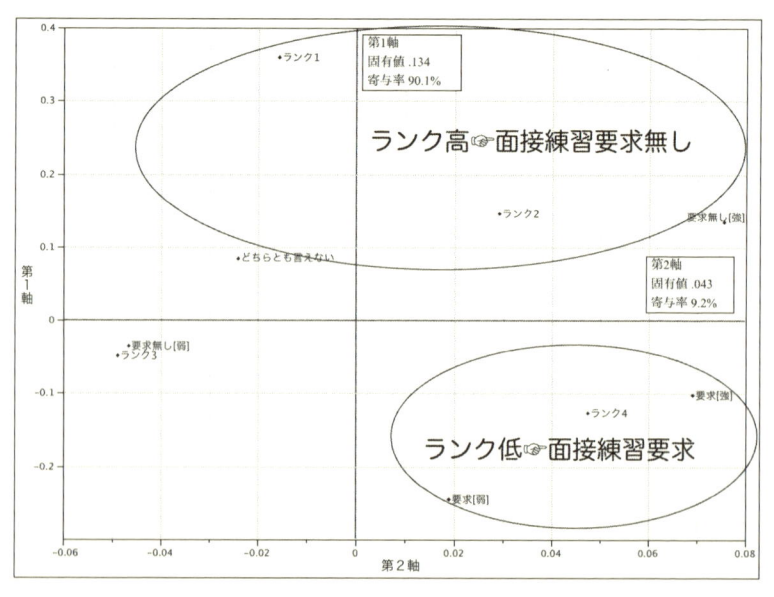

図5-3　高等学校に対する大学側からの面接練習の要求度

5章　大学入学者選抜は高大連携活動をどこまで評価すべきか？　103

ですら忌避する傾向が見られ、実技検査は、芸術や体育や建築専攻の学生を除いてあまり例がないことをふまえれば、残りが面接と調査書となり、学校間格差の問題があって使いものにならない調査書の性質を考えると、究極的には大学入学者選抜の多様化政策が、「面接」だけで合否を決定する大学を、下位校を中心として拡大させたことに一役買ったと言える。

また、大学側で感じているAO入試による影響についての質問項目群（5件法）を「該当／該当なし」の2カテゴリーに再カテゴライズした後に、多重対応分析した結果が**図5-4**である。多重対応分析においても、対応分析のときと同様に、類似した布置にある変数の相対的な関係を解釈する。図5-4では、2001（平成13）年から2007（平成19）年度までの年度別の変化[3]がよく分かるように、3次元空間にプロットした上で回転させている。

まず、大学ランク別に見ていくと、ランク1の上位校では、教員の「業務

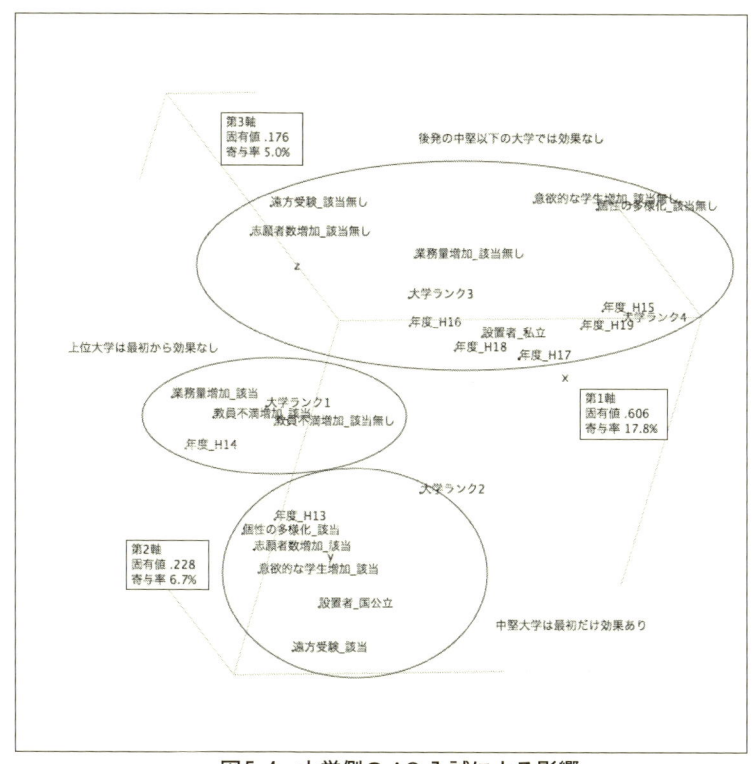

図5-4　大学側のAO入試による影響

量増加」や「教職員不満増加」に「該当」し、ランク3・4の中位校以下では、「遠方受験」「志願者数増加」「意欲的な学生増加」「個性の多様化」など当初AO入試の導入時に目指された「理想」に対して、「該当なし」という結果になっていることが興味深い。かろうじて、ランク2に位置する中堅大学のみが「個性の多様化」「意欲的な学生増加」に「該当」している。次に、時系列的に図中の矢印の方向にしたがって図5-4を見ていけば、AO開始当初の2001（平成13）年度は、「個性の多様化」「意欲的な学生増加」といった「理想」に近く、また大学側にとっても「志願者増加」「遠方受験」にも「該当」し、よいことばかりに出会ったかのように見えるが、2002（平成14）年度あたりになると、「業務量増加」や「教職員不満増加」に「該当」し、2003（平成15）年度以降は、「遠方受験」「志願者数増加」「意欲的な学生増加」「個性の多様化」の「該当なし」となったことが分かる。

改めて、大学ランクと時系列を絡めて図5-4を解釈しなおせば、上位大学はAO開始当初から「業務量の増加」「教員不満増加」が起こり、中堅大学は、AO開始当初だけ「個性の多様化」「意欲的な学生増加」「遠方受験」「志願者増加」の効果が見られたものの、継続的にその効果が続いたわけではなかった。さらに、大学ランク3や4と類似した位置に2003（平成15）年度以降の年度プロットが布置されていることからも分かるように、中堅より下のランクの大学が後発で続々とAO入試に参加するようになったものの、「個性の多様化」「意欲的な学生増加」「遠方受験」「志願者増加」に「該当なし」と大学入学者選抜の多様化政策が掲げた「理想」に見合った効果がなかったことがうかがえる。つまり、早々に、AO入試は制度疲労をきたしたのであり、当初掲げた「理想」がわずか数年で裏切られた様子が見て取れる。

図5-5は、大学側からの高校への進路指導に向けての注文を問うた質問項目群（5件法）を「要求／要求なし」の2カテゴリーに、大学側が感じているAO入試による影響についての質問項目群（5件法）を「該当／該当なし」の2カテゴリーに、再カテゴライズした後に多重対応分析した結果である。

大学入学者選抜の多様化政策の影響を見るべく、大学側からの高校への進路指導に向けての注文の質問項目のうち、「ボランティア活動」「クラブ課外

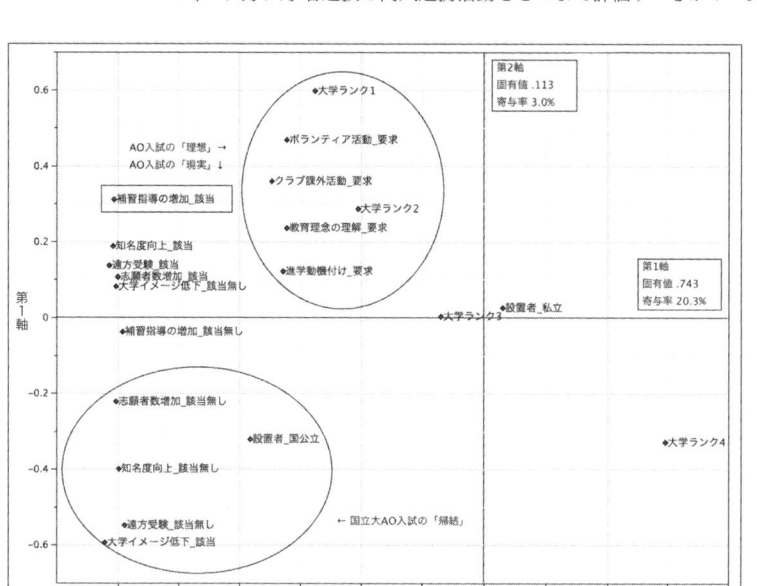

図5-5 AO入試の理想と現実

活動」「教育理念の理解」「進学動機づけ」に焦点をあててみると、類似した布置にあたるのが、「補習指導の増加」となったことが非常に象徴的である。大学入学者選抜の多様化政策の根底にあったこれらの「理想」を突き詰めた先に、「補習指導の増加」がもたらされたということは、それまで大学に合格し就学していた母集団とは異なる集団に合格を出し、入学させてしまった結果とも考えられるのかもしれない。

さらに、設置者の国公立大学の布置に特徴的に見られたのは、「志願者数の増加」「知名度向上」「遠方受験」に「該当なし」で、「大学イメージの低下」に「該当」する羽目になっていることである。仮に、従前と異なる母集団に合格を与えてしまうと、受験生の送り手側の高等学校だけにとどまらず、受験生自身からも大学としての信頼を著しく失う恐れがある。誰しもが、「あの子でも合格できた大学」よりも、「誰もがおいそれとは合格できない大学」に入学を願うと考えれば、従前と異なる母集団に合格を与えてしまう可能性のあるAO入試であれば、受験生や高等学校側が抱く大学イメージを低下さ

せてしまったことは容易に想像がつくだろう。

3節 「評価基準の多元化・複数化」と選抜の公平性の相克

　次に、ごく最近の状況として指摘しておかなければならないのは、「評価基準の多元化・複数化」をめぐる大学入学者選抜の帰結である。1991（平成3）年の中教審答申で指摘されたのは、ペーパーテストのみに依拠した「公正の観念の一面性」（中教審1991）であり、家庭の教育投資が選抜を有利に働かせる――この文脈では、都市部に住んでいる家庭の子弟が有利――という側面であった。

> 「ペーパーテストの能力判定だけを絶対視してきた結果、大都会に住んでいて、かなり教育熱心な家庭の子どもが圧倒的に有利になっている。決して家庭の収入の多さだけが有利の条件ではない。教育投資にのみ過敏に反応する大都市居住者の子どもに一方的に有利になる、そういう結果が近年著しい。能力があっても、誰でもが平等に近づくことのできない大都会の進学実績度の高い国立の附属学校や私立の中高一貫校が、長期にわたって有利な条件を保持し続けることが、果たして公正と言えるのだろうか。何が公正であるかを、国民はここで新たに問い直さなくてはならない。」（中教審1991）

　さらに、1999（平成11）年の中教審答申では、「接続を重視した具体的な改善策」として、「各大学が求める学生を適切に見出すためには、多様な履修歴や経歴に応じた選抜方法の工夫が必要」であり、「多様な活動に関する自己推薦書を選抜資料として活用する」ことが挙げられ（中教審1999）、後期中等教育課程の多様化政策が推し進められていく中で、各大学ではそれに対応して「多様な履修歴や経歴」を評価する選抜が求められ、「『公平』の概念の多元化」（中教審1999）がもくろまれた。つまり大学側では、高校での活動をいかに評価すべきなのかという問いが、突きつけられた喫緊の課題となった

のである。

　時をほぼ同じくして、文部科学省の初等中等教育局と科学技術・学術政策局の政策として、2002（平成14）年度から7億2,714万4,000円の予算を費やし、構造改革特別要求として開始されたのが、「科学技術、理科・数学教育を重点的に行う学校をスーパーサイエンスハイスクールとして指定し、高等学校および中高一貫教育校における理科・数学に重点を置いたカリキュラムの開発、大学や研究機関等との効果的な連携方策についての研究を推進し、将来有為な科学技術系人材の育成に資する」ことを趣旨とした、スーパーサイエンスハイスクール（以下、「SSH」と略記）の取り組み[4]である。

【スーパーサイエンスハイスクールの取り組み】
・学習指導要領によらない教育課程の編成実施等により、高等学校及び中高一貫教育校における理科・数学に重点を置いたカリキュラムの開発
・大学や研究機関等と連携し、生徒が大学で授業を受講、大学の教員や研究者が学校で授業を行うなど、関係機関等との連携方策の研究
・論理的思考力、創造性や独創性等を一層高めるための指導方法等の研究
・トップクラスの研究者や技術者等との交流、先端技術との出会い、全国のスーパーサイエンスハイスクールの生徒相互の交流等

　また、同じく2002（平成14）年度から文部科学省で、2006（平成18）年度から独立行政法人科学技術振興機構で実施されているのが、サイエンス・パートナーシップ・プロジェクト事業（以下、「SPP」と略記）である。その事業は、「講座型学習活動」と「合宿型学習活動」[5]に分けられ、大学や科学館などの研究機関が出前講義や講演会・公開講座という形で協力することを通じて、「次世代を担う人材への理数教育の拡充」の一環として行われている。

　「『講座型学習活動』は、大学・科学館等の研究者、技術者、展示解説者を講師とする、科学技術、理科・数学（算数）に関する観察・実験・実習

等の体験的・問題解決的な活動を中心とした学習活動を行う企画を支援します。」
「『合宿型学習活動（サイエンスキャンプ）』は、高等学校、中等教育学校後期課程、高等専門学校第1〜第3学年の生徒等から参加者を公募し、大学・科学館等において、それぞれの特長を生かした実習・実験を主体とする科学技術体験学習、研究者等との対話、参加者同士の交流を、学校の夏季休暇、冬季休暇、春季休暇の期間中に、2泊3日以上の合宿形式により行います。」

当然のことながら、2004（平成16）年7月に出された科学技術・学術審議会人材委員会第3次提言『科学技術と社会という視点に立った人材養成を目指して』での「創造性、独創性を育む素地を作る体験的・問題解決的な学習を重視し、科学技術に興味・関心の高い子どもに対し効果的に理数教育を行うことのできる環境を整備する」（科学技術・学術審議会2004）ことや、同年7月23日に出された総合科学技術会議の審議まとめ『科学技術関係人材の育成と活用について』での「生徒の興味・関心に基づき、自然科学への理解や関心を刺激する先進的な仕組みを支援する」「興味と関心のある優秀な生徒の挑戦や刺激の機会を拡充する」（総合科学技術会議2004）ことそのものは理科離れが進んでいる中で、技術立国であるわが国が取るべき政策としては異議をはさむ余地はないのかもしれない。だが、総合科学技術会議の審議まとめ『科学技術関係人材の育成と活用について』では、さらに大学入学者選抜にまで踏み込んで、「アドミッション・オフィス（AO）入試等の方式によって、スーパー・サイエンス・ハイスクール（SSH）の活動や数学オリンピック等のコンテストにおいて優れた成果を上げた者への適切な評価が更に進展・拡大してゆくこと」（総合科学技術会議2006）と方向性が示されることとなる。

もともと文部科学省の高等教育局の政策として2000（平成12）年度から国立大学で開始されたAO入試と、文部科学省の初等中等教育局と科学技術・学術政策局の政策として2002（平成14）年度から開始されたSSHやSPPが相容れる政策であるかどうかについては、どういう事態をもたらされるかにつ

いても含めて、より慎重な検討が必要である。兎にも角にも、こうした提言が出された以上、各国立大学のAO入試においては、こうしたSSHやSPPを受講した「多様な履修歴や経歴」を持つ受験生を多く迎え、評価しなければならない事態が自ずと生じている。

では、いったい、SSHやSPPでの成果を評価するということが大学入学者選抜にとってどういう意味を持っているのだろうか。データを用いて改めて吟味してみたい。図5-6と表5-2〜5-4では、各高等学校とSSHと最も近接している国立大学の所在地から緯度経度を調べ、その直線距離を算出した

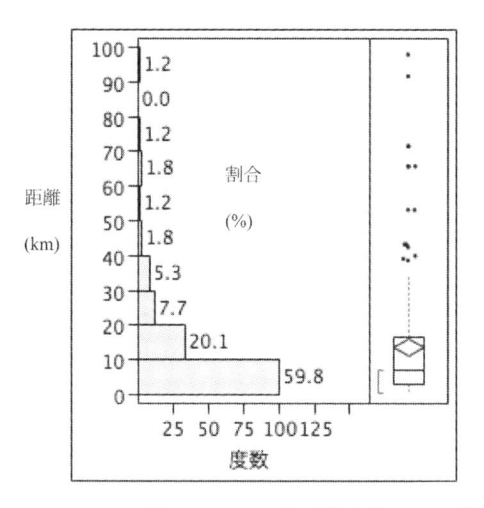

平均	13,496
最大値	97,735
第3四分位点	16,837
中央値	6,907
第1四分位点	3,188
最小値	70
標準偏差	17,201
度数	169

図5-6　SSHと国立大学との距離（全体）（単位：m）

表5-2　SSHと国立大学との距離（年度別）（単位：m）

年度	平均	中央値	最大値	最小値	標準偏差	度数[※]
H14	8,708	5,049	33,775	693	8,935	26
H15	17,067	10,027	71,324	519	20,317	26
H16	12,844	5,055	52,888	681	16,203	20
H17	14,681	6,960	91,391	693	14,681	22
H18	14,861	10,356	97,753	307	14,861	31
H19	12,818	5,403	52,888	787	14,229	31
H20	13,838	8,655	71,296	70	18,813	13

※ただし、度数は延べ数である。

表5-3　SSHと国立大学との距離（地域別）（単位：m）

地域	平均	中央値	最大値	最小値	標準偏差	度数[※]
北海道	4,451	4,451	6,967	1,935	3,558	2
東北	45,238	53,884	91,391	1,662	32,728	10
関東	8,835	4,833	39,749	70	9,870	41
中部	14,885	10,432	52,888	366	14,885	36
関西	10,266	4,320	97,735	307	16,411	40
中国	18,685	18,848	65,475	961	16,732	15
四国	10,976	3,952	29,425	2,113	12,431	16
九州	7,537	4,986	18,708	591	5,763	9

※ただし、度数は延べ数である。

結果である。図5-6をみれば、約60％もの高校が10km圏内にあり、中央値が6.9kmであることが分かる。もちろん、これは、SSHの本来の趣旨である「大学や研究機関と連携する」といった趣旨から、連携しやすい高等学校はどの高等学校かということをふまえれば、至極真っ当なことなのかもしれない。また、表5-2で年度別にみても、中央値が大体5〜10km圏内であり、**表5-3**で地域別にみても、例外的な東北地方などを除けば、中央値が大体5kmあたりの地域がほとんどである。

　だが、こうした環境下にあるSSHでの活動を、大学入学者選抜で評価するという段になると、それはとどのつまり、せいぜい10kmほどしか地元国立大学と離れていない高等学校に通う、県内中心部の高校生のみを選抜の遡上に上げることにつながってしまうことが容易に想像できるし、また選抜の公平性を鑑みれば、この「事実」には特に注意を払わなければならないだろう。もっと言えば、1991（平成3）年の中教審答申で問題視されたのは、「家庭の教育投資」といった受験生の努力いかんにかかわらずに都心部の教育環境に恵まれた者が受験に有利になるといった状況であった。その問題点を乗り越えようと打ち出された、「多様な履修歴や経歴に応じた選抜方法の工夫」であり、「多様な活動に関する自己推薦書を選抜資料として活用する」（中教審1999）ということは、SSHやSPPの登場とそれを活用した選抜の提言が出されたことで、翻って再び、地元の国立大学が近くにある、都市部のSSHに通う生徒のみが有利になる選抜制度を誕生させることとなる。進学した高

等学校がSSHに指定されているのか否か、指定されているとしてそれが自分の在学中に延長されるのか否か、ということは、そうした学校が身近にあって努力して、受験し合格する場合を除いて、とうてい受験生の努力いかんで解決する問題ではない。また、進学した高等学校がSSHに指定されているのか否かというのは、結局のところ学校リソースの優劣の問題に帰着する。それが評価されての大学入学者選抜は、学校リソースの優劣を評価していることにすぎず、生徒本来の能力を評価することとは遠くかけ離れていることを憂慮すべきであろう。高等学校に入学する段階で、一部の大学の入学者選抜方式に対する有利不利が結果的に生じることは、大学入学者選抜の公平性に鑑みて、望ましいこととはとうてい言えない。

　言うまでもなく、地元国立大学が5〜10kmの圏内にない高等学校は全国にごまんと存在する。SSHに指定されている高等学校はせいぜい年間30校ほどで、全国の高等学校5,242校のうちわずか0.57％にしかすぎない。入試の現場で常日頃体験し感じるところであるが、高校教員の指導が入り、本当のところは、どこまで受験生本人が書いたのかを大学での採点現場では判断しづらい志望理由書と、どれだけの人数がかかわり、受験生本人がどこまで実際に研究したり実験したりアイデアを出したのかを大学側で十分に判断することが難しい、高等学校での研究／活動業績だけで合否を判断するとしたら、それはもう「テスト」の体をなしているとはとうてい言いがたくなってしまう。

　同様に、SPPの受講生も高等学校全体で4万5,377人（平成20年度）にすぎず、全高校生（336万6,460人）のわずか1.34％、全員3年生で全員が大学に入学したと仮定してみても、大学入学者（約57万人）のわずか7.96％にすぎない。SPPによる広報が大学入学者選抜の最後の切り札のように言われるが、全国型の大学であればあるほど、そうした活動を通して掘り起こせる受験生がいかに少なく、このスケールメリットに対して、本務として研究・教育を抱える大学教員の負担があまりにも大きすぎるのが特徴と言える。また、これらの活動で実際に高校生と接触した大学教員が仮に面接官として関与した場合に、他の受験生と不公平が生じないかということは最も懸念すべき事態であろう。

表5-4 SSHと国立大学との距離（高校ランク別）（単位：m）

ランク	平均	中央値	最大値	最小値	標準偏差	度数*
3A	1,167	787	1,935	787	663	3
2A	11,257	11,294	23,195	1,303	7,382	18
準2A	6,561	4,840	15,171	693	5,234	12
A1	9,842	6,795	33,775	681	9,898	25
A2	5,626	4,768	10,758	591	3,060	17
A3	19,112	7,818	65,525	1,662	20,709	27
B1	19,081	7,965	97,735	961	26,360	23
B2	12,204	4,161	38,928	3,950	13,111	7
B3	20,522	10,562	65,475	2,206	21,688	9
準B	4,545	70	14,513	70	4,737	8
C1	29,425	29,425	29,425	29,425	0	2

ランク	基　準**
3A	2Aの条件を満たした高校のうち、国立9大学（東大・京大・北海道大・東北大・名古屋大・大阪大・九州大・東京工業大・一橋大）の合格率50％以上、または東大・京大合格率33.3％以上。
2A	1. 国立9大学合格者80人以上または合格率24％以上 2. 東大・京大合格者40人以上または合格率12％以上 3. 1,2のいずれかの条件を満たす（以下同じ）
準2A	1. 国立9大学合格者60人以上または合格率18％以上 2. 東大・京大合格者30人以上または合格率9％以上 3. A1の1,2のいずれかの条件を満たし、早慶合格者120人以上
A1	1. 国立9大学合格者40人以上または合格率18％以上 2. 東大・京大合格者20人以上または合格率12％以上 3. A2の1,2のいずれかの条件を満たし、早慶合格者80人以上または300ポイント以上
A2	1. 国立9大学合格者24人以上または合格率7.2％以上 2. 東大・京大合格者12人以上または合格率3.6％以上 3. A3の1,2のいずれかの条件を満たし、早慶合格者60人以上または200ポイント以上
A3	1. 国立9大学合格者16人以上または合格率4.8％以上 2. 東大・京大合格者8人以上または合格率4.8％以上 3. B1の1,2のいずれかの条件を満たし、早慶合格者40人以上または120ポイント以上
B1	1. 国立大学9大学合格者8人以上または合格率2.4％以上 2. 東大・京大合格者4人以上または合格率1.2％以上 3. B2の1,2のいずれかの条件を満たし、早慶合格者15人以上60ポイント以上 4. 早慶合格者20人以上
B2	1. 国立大学9大学合格者3人以上または合格率1.0％以上 2. 東大・京大合格者2人以上 3. 国立9大学合格者1～2人と早慶合格者5人以上または40ポイント以上 4. 早慶合格者8人以上または80ポイント以上
B3	1. 国立9大学合格者1～2人、 2. 早慶合格者3人以上、50ポイント以上
準B	1. 早慶合格者1～2人、 2. 50ポイント以上
C1	40ポイント以上
C2	10ポイントまたはポイント率5％以上

＊ただし、度数は延べ数である。
＊＊この基準は中村（2005）による。

また、大学側にとってもSSHやSPPの活動成果を評価することは、必ずしもよいことばかりであるとは限らない。中村 (2005) の基準を用いて高校ランク別にSSHと国立大学の距離を算出したものが**表5-4**[6]である。詳しい高校ランクは、中村 (2005) を参照していただきたいが、SSHの高校には、国立9大学 (東大・京大・北大・東北大・名古屋大・大阪大・九州大・東工大・一橋大) の合格率50％以上、または、東大・京大合格率33.3％という3Aランクの高校から、国立9大学合格者1～2人、又は、早慶合格者3人以上のB3ランク、あるいは、それ以下の進学実績に至る高校まで、実にあらゆる学校ランクの高校が指定されている。SSHの活動それ自体には異議を挟む余地がないとは言え、それが受験の「手段」として恒常化していけばしていくほど、特に国立大学を主なターゲットとしない層の高等学校でAOねらいの進路指導を早期から行うことを制度的に誘引する。

そのことをよく表しているのが、**図5-7**である。図5-7は、ある地方国立大学の新入生 (1,573名) のほぼ全員に、受験決定要因を尋ねた調査の多重対

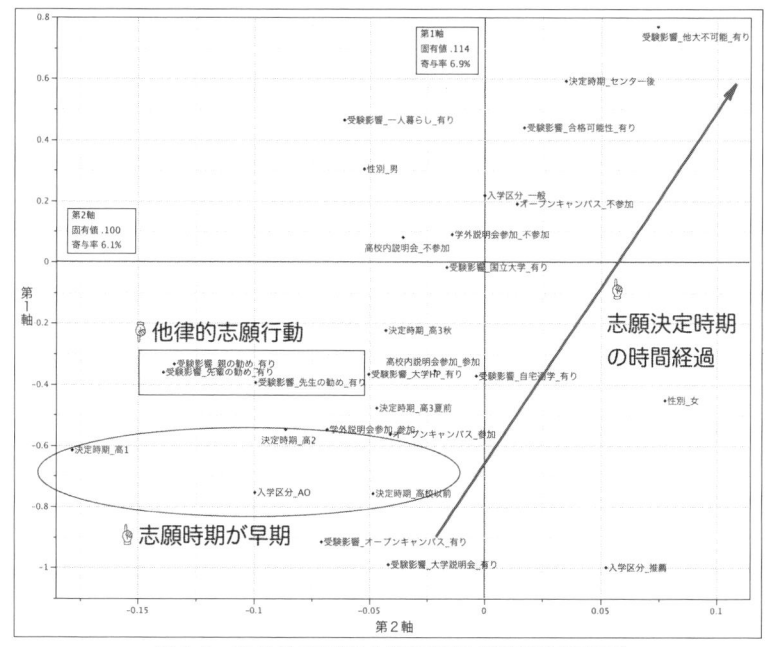

図5-7 ある地方国立大学における受験決定要因

応分析を行った結果である。受験決定時期に注目すると左下から右上に向かって、高校1年から大学入試センター試験受験後まで時系列に並んでおり、入学区分であるAO入試に着目してみると、受験決定時期が高校1年、高校2年、高校入学以前とかなり早期に行われていることが分かる。また、「受験の影響」について言えば、「先生の勧め」「親の勧め」「先輩の勧め」といった他律的な志願行動がAO入試の受験につながっていることがうかがえる。これらの結果を合わせて考えられるのは、国立大学を主なターゲットにしない層の高等学校でのAOねらいの、教師主体による進路指導の早期化が横行している現状である。本来、AO入試が目指したように、高校生活の結果が入学者選抜の場面で評価されるのではなく、AO入試のための高校生活をおくらされ、その上で入学者選抜に望んでいるとしたら、もはや完全に手段と目的が逆転していると言わざるを得ない。こうした現状は、当初大学入学者選抜改革で想定されていた大学側主体の「選抜」から生徒側主体の「選択」によるマッチングとは真逆の方向性にことが進んでおり、余りにもかけ離れている状況が生まれていると言わざるを得ない。こうした選抜を続けていけば、AO入試の受験者が自大学の母集団からかけ離れた受験生集団を形成させてしまい、ひいては学力選抜のときに保たれていた「大学イメージの低下」につながることは容易に考えられる。

4節 結 語

本章の検討内容は、大学入学者選抜の多様化政策が掲げてきた、「偏差値偏重の受験競争の弊害の是正」・「学力検査の点数」重視からの脱却のために、「人間を多面的に評価し、選抜の方法や基準の多様化、多元化をはからなければならない」とされた「理想」が、実際の大学入学者選抜制度に移されたときに、高大接続の現場にもたらした影響を吟味することであった。総括すれば、AO入試の例でも明らかなように、「学力検査の点数」重視からの脱却と称して行われた「評価尺度の多元化・複数化」が、そもそも上位校を標的にした改革プランであったにもかかわらず、上位校がこぞってそうした施策

に従わなかったために的はずれな施策となって、第1に、何も課題を出さずに大学入学者選抜を行う大学を、特に中堅以下の大学で爆発的に増加させ、第2に、最も大学ランクが低いカテゴリーであるランク4の大学で、小論文練習が要求されず、面接練習のみが要求されるという状況があるなど、実質「面接」だけで合否を決めてしまう大学を下位校を中心に拡大させ、第3に、「部活動・生徒会活動・取得資格・社会的活動その他」を参考にして選抜したり、個人の主体的個性的な大学選択を目指し、アドミッションポリシーに代表される「教育理念の理解」や「進学への動機づけ」をした結果、「補習指導の増加」という事態がもたらされたのである。

　さらに問題なのは、学力以外の「評価基準の多元化・複数化」の一環として、2004（平成16）年に総合科学技術会議が提言したように、SSHやSPPなどの高大連携活動での実績を大学入学者選抜の場面で評価するという方向性が示されて現在に至っていることである。学力偏重の大学入学者選抜を改革する大きな根拠は、都市部とそれ以外の家庭の教育投資の差異を根拠とした大学入学者選抜の有利不利の是正であったが、SSHの成果を評価することそのものが、その設置が各都道府県の国立大学がある都市部に集中していることから見れば、是正しようとした都市部受験生に有利な状況をさらに助長していると言われても致し方ない。もっと深刻なのは、受験生の高等学校がたまたまSSHやSPPの恩恵を受けたかどうかという、受験生の努力の範疇を超えた問題によって、合否が決定される大学入学者選抜制度を存在させてしまったということであろう。

　本章で確認してきたのは、部分についても正しいことが、全体についても正しいとする、経済学でいうところの「合成の誤謬」が、大学入学者選抜の場面でも生じつつあることであった。確かに、臨教審が掲げた「偏差値偏重の受験競争の弊害の是正」・「学力検査の点数」重視からの脱却はそれだけ見れば正しいのかもしれないし、「人間を多面的に評価し、選抜の方法や基準の多様化、多元化をはからなければならない」という「理想」は、もっともだと言われれば反論のしようがないことなのかもしれない。だが、それが大学入学者選抜制度という日本全国で実施される場面でのこととなれば話は別

である。「『公平』の概念の多元化」(中教審1999) をもくろみ、ペーパーテストのみに依拠した「公正の観念の一面性」(中教審1991) を忌避して得たのは、下位校を中心とした非学力選抜の拡大と、受験生の努力の範疇を超えて合格を決定する大学入学者選抜制度の存在であり、大学入学者選抜において新たな不公平を生じさせる、大学入学者選抜制度の自己矛盾とでもいうべき状況であった。

　だが、本章で確認してきた「評価尺度の複数化・多元化」が含意するものをふまえ、新たな「公平性」の原理を据えて大学入学者選抜制度を再考することが果たして得策なのかについては、じっくり考えなければならないだろう。この問いは、タイトルにも掲げた「大学入学者選抜は高大連携活動をどこまで評価すべきか？」という問いにもつながる。教育論議の核心は、それ自身が縮減の論理を持ち得ず、概念を次々と付け足していく拡大の論理しか持ち得ないところにある。それが故に、なかなか「適正規模」を判断できないことに教育論議の不毛さがしばしば垣間見える。本章の文脈で言えば、「大学入学者選抜の多様化」であったり、「評価尺度の多様化・複数化」だったりしたときに、何をどこまで多様化し、複数化すべきかという限度が示されたことがあったかを考えれば分かりやすいだろう。問題は、その限度の範囲の中に、本章で問題にした、高大連携活動が含まれるか否かを考えることである。ポイントは、モグラたたきのように、新たな不公平が生じたからと言って、さらに新たな「公平性」の原理を持ち出すことよりもまず、大学入学者選抜制度の「適正規模」を考えることの方がよほど現実的な議論になるということだ。その際に考えるべきは、こうした制度を支える高等学校側と大学側のコストである。例えば、AO入試の自己推薦書の指導に高等学校の教員が非常に多くの時間を費やして受験生に書き直させたとして、あるいはSSHでの実験・研究のお膳立てをしてあげた上で、ある成果を受験生に出させてAO入試を受験させたとして、大学側が多くの質問項目[7]と課題と時間を費やして、出された成果物のどこからどこまでがその受験生の力によるものなのかをじっくりみやぶろうとするという事態は、手間暇をかけた入学者選抜がよい悪い云々を言う以前に、とても不毛なことしか言いようがない。さ

らに、入学した途端に当該受験生が、補習授業に参加しなければならないとすれば、本末転倒もよいところである。それは極端な例だとしても、つまりは、どこまで大学教員と高等学校教員の負荷をかけて現在の大学入学者選抜制度を維持するべきなのか、ということに尽きる。

さらに付け足すと「大学入学者選抜は高大連携活動をどこまで評価すべきか？」という問いは、受験生の「教育」を基盤に据えるべきである回答に帰着すべきだろう。本章で述べてきたように、受験生の努力の範疇でないところで合否が決定する大学入学者選抜の存在は、「努力すべき」という名の進路指導を無効化しないかと危惧する。究極的には、高等学校以下の学力担保を取ることが可能かという発想で、大学入学者選抜を設計するという方向性に他ならないが、その判断は、現行の大学入学者選抜制度を打ち立てたことで、失ったものと得たものの比較の上で自ずと結論が出る問題であろう。

注

1 偏差値は、国公私立大学を共通尺度上で表している大学ランキング2008（駿台全国判定模試）を用いた。Available to: https://www.i-sum.jp/sum/sum_page/topics/unvrank_satt/rankf.cfm（最終閲覧日2010年2月1日）
2 この点については、木村（2008）で詳述。
3 2000（平成12）年度は、国立大学AO入試の初年度に当たり、質問票に当該質問項目が存在しない。また、図中の左下から右上に伸びている矢印に沿って2001（平成13）年度から2007（平成19）年度までの時系列変化を解釈することが可能である。
4 http://www.mext.go.jp/b_menu/houdou/14/04/020416a.htm に詳細がある（最終閲覧日2010年2月1日）。
5 http://spp.jst.go.jp/index.html に詳細がある（最終閲覧日2010年2月1日）。
6 高校ランクの基準は次の通りである（中村2005:14-15）。中村（2005）では、私立11大学（青山学院、上智、中央、東京理科、法政、立教、明治、同志社、立命館、関西、関西学院）の合格者1人を0.5ポイント、国立大学合格者1人を1ポイントとして換算している。
7 AO入試における質問項目を分析してみると、新学力観の観点別評価的な質問項目ほど信頼性が低いことが、すでに知られている（木村・吉村2010）。

文献

科学技術・学術審議会，2004,『科学技術と社会という視点に立った人材養成を目指して』http://www.mext.go.jp/b.menu/shingi/gijutu10/toushin/04072901.htm（最終閲覧日2010年2月1日）．

木村拓也，2008,「格差を拡げる入試制度はどのように始まったのか？—日本におけるオープンアドミッション・システムの淵源」『クオリティ・エデュケーション』1号，pp.91-113．

木村拓也・吉村宰，2010,「AO入試における信頼性評価の研究——一般化可能性理論を用いた検討」『大学入試研究ジャーナル』20号，pp.81-89．

総合科学技術会議，2004,『科学技術関係人材の育成と活用について』http://www8.cao.go.jp/c5tp/output/iken040723_1.pdf（最終閲覧日2010年2月1日）．

中央教育審議会,1991,『新しい時代に対応する教育の諸制度の改革について(答申)』文部省．

̶̶̶,1999,『初等中等教育と高等教育との接続の改善について』文部省．

中村忠一，2005,『一流大学への道は中学・高校選びで決まる—優秀校の教育システムの秘密』エール出版社．

臨時教育審議会，1985/1988,「教育改革に関する第1次答申」『教育改革に関する答申—臨時教育審議会第1次〜第4次（最終）答申』大蔵省印刷局，pp.1-34．

6章　外国語としての日本語能力測定を支えるテスト理論

野口　裕之・倉元　直樹

1節　はじめに

　わが国では、最近外国語能力を測定する公的な試験が大学生などを中心に普及し、受験者数が増加している。北米地域の大学・大学院へ留学する際に受験する TOEFL、英国や豪州を中心にやはり留学に際して英語力を測定する試験である IELTS、留学に限らないがフランス語の能力を測定する DELF/DALF、ドイツ語ではゲーテ・インスティトゥートのドイツ語検定試験、中国語では漢語水平考試、また、企業内での昇進資格などに利用され、日本と韓国を中心として受験者数の多い TOEIC など、さまざまな公的な外国語試験が年間複数回実施されている。特に TOEFL は以前から学術分野で必要な英語能力を測定する試験としての権威を各方面で認められていた。

　ただ、TOEFL の英語能力を測定する試験としての認知度の高さに比べて、その質を維持するために背後でどのような努力がなされているのかに関しては、わが国ではあまり認識されてこなかったように思われる。外国語教育の立場から問題構成や内容が十分検討されていることは比較的容易に想像されるが、どのようにして試験の品質の評価が行われ、また、異なる時期に受験しても得点を相互に比較可能にするために、どのような措置がとられているのか、性別や人種などで不公平のない項目であることをどのようにして証明するのか、などいわゆる「テスト理論」に基づく試験の設計・開発・分析・評価に多大な努力が傾注されていることに対してはわが国ではほとんど認識されていない。

良質な試験を開発するためには、人材・時間・予算が必要である。上記の外国語試験ではいずれも政府が国際交流や国際理解のために自国の言語を世界に普及することの重要性を認識して、人材・時間・予算を投入して来た結果であり、現在もなお常に改善し続けている。

　わが国の場合、人材という点では、大学・大学院でテスト理論に関する講義や演習が開講されているところはきわめて少なく、人材養成の面で心もとない状況にある。テスト理論の研究者が、具体的なテストや調査にかかわってその有用性を示していく必要がある。

　本章では、外国語としての日本語能力の測定に関して、テスト理論がどのように貢献しているか、また、貢献できる可能性があるのかについて展望する。

2節　日本語に関する代表的な公的試験

　外国語としての日本語に関する代表的な公的試験は現在3種類存在している。

　まず、「日本語能力試験」が挙げられるが、この試験は独立行政法人国際交流基金と財団法人日本国際教育支援協会とが共催している。

　次に、「BJTビジネス日本語能力テスト」が挙げられるが、この試験は日本貿易振興機構（JETRO）が1996（平成8）年から実施している。

　さらに、「日本留学試験」が挙げられる。この試験は独立行政法人日本学生支援機構が2002（平成14）年から実施しており、日本の高等学校の教科に相当する科目で構成されているが、それに加えて「日本語」が試験科目とされている。

　以下、それぞれについて具体的な内容を紹介する。

1　日本語能力試験

　日本語能力試験は1984（昭和59）年に開始された日本語に関する試験の嚆矢である。外国語としての日本語学習者に目標としての試験を提供する目的、すなわち、学習奨励を目的として開始された。また、日本留学試験の開始以

前には、日本語能力試験の結果が各大学に通知され、日本語能力の判断を各大学に任せる形態がとられていた。したがって、日本語能力試験には日本語の学習奨励と留学生のための入学試験という2つの目的が課せられていた。その後、日本留学試験に日本語科目ができたことにより、純粋に日本語の学習者に対する学習奨励を目的とした試験となり、テストとして目的が明確になった。また、入学試験を分離することによって、試験の透明性、公開性を高めることも可能となった。

　日本語能力試験は、日本国内および海外において、原則として日本語を母語としない人を対象として日本語の能力を測定し、認定することを目的として実施される。能力水準に応じて「1級」から「4級」の4つの「級」が設定されている。4級は、初級学習者に対するものであり、1級は上級学習者に対応するものである。

　内容領域は3つの「類」に分かれている。具体的には、「文字・語彙」「聴解」「読解・文法」である。すなわち、「話す試験」と「書く試験」が現段階では含まれていない。日本語の産出能力は測定目的に含まれていないということになる。受験対象者は特に限定されていないが、「日本語を母語としない」ということが条件となる。

　なお、検定料がドル建てで決められているTOEFLとは異なり、日本語能力試験は国の実状に応じて受験料が決められている。日本語学習を奨励しようという意図のもとでとられている措置である。

　2008(平成20)年においては、受験者数は4つの級と国内外の実施地の全てを合わせて年間59万5,784名に上った。大学入試センター試験の英語(筆記)の受験者数が50万297名(2009年本試験受験者)であるので、それを上回る規模の試験であることが分かる。

　他の外国語試験の場合、TOEICが最大で約340万名(2004年)、TOEFLが57万7,038名(2004年)、IELTSが2008年6月に年間総受験者数が100万名を超え (http://www.britishcouncil.org/japan-about-us-ielts-press-release-june08)、漢語水平考試が24万6,977名(2005年)などである。

　日本語能力試験は開始から20年以上が経過し、その間に大量のデータが

蓄積されてきた。そのデータを踏まえ、現在の言語教育研究、テスト理論の最新の知見と照らし合わせて、抜本的な改善が行われ始めている。2008年6月に発表された中間報告（日本語能力試験改善に関する検討会・国際交流基金・日本国際教育支援協会，2008）によると、

(1) 課題遂行能力とそのためのコミュニケーション能力を測定するが、これらの能力を支える基礎となる言語知識についても測定する。
(2) 学習者の実際の言語行動を反映する試験とする。
(3) 受験者の日本語能力の多様性に対応できるよう、現行試験の4レベルから5レベルに、レベル調整を行う。
(4) 「○○ができる（Can-do Statements）」による参考情報を提示する。
(5) 世界の大規模言語テストで実施されている得点等化を実施する。

などが予定されている。

2 BJTビジネス日本語能力テスト

BJTビジネス日本語能力テストは「日本語を母語としない者」が対象という点では日本語能力試験と同じと言えるが、ビジネス関係者を主な対象者としていることが大きな特徴である。できる限り客観的にさまざまなビジネス場面、状況での日本語によるコミュニケーション能力を測定・評価することを目的としている。2008（平成20）年に実施された第18回テストの受験者数は4,493名であった。

このテストは、ジェトロビジネス日本語テストとして1996（平成8）年に開始されたが、2003（平成15）年に大改定がなされ、「類別」を意識しない「聴読解」形式となった。その中には「聴解のみ」「読解のみ」「聴読解両方」を測定する3つのタイプの問題項目があるが、類別とはしていない。なお、聴読解テストの高得点者にはオーラル・コミュニケーション・テストの受験資格が与えられる。オーラル・コミュニケーション・テストにおいては文法的に正確であることも重要だが、最終的に話が通じるかどうかがより重視される。したがって、ビジネス場面に限定された試験である。オーラル・コミュニケーション・テストの評価は、ビジネス・テスターと日本語テスターの双方が協

力して行うこととなっている。なお、2009（平成21）年度からは実施主体がJETROから㈶日本漢字能力検定協会に移管される。

3　日本留学試験

日本留学試験は、外国人留学生として日本の大学に留学を希望する者について、日本の大学が必要とする日本語力および基礎学力の評価を行うことを目的として実施される。すなわち、受験者を日本への留学生に特化していることが最大の特徴である。年間に2回実施されるが、2008（平成20）年に実施された2回の試験の合計受験者数は4万536名であった。

日本留学試験では「記述」「読解」「聴解」「聴読解」という類別構成となっており、ジェトロビジネス日本語テストに近いが、「聴解」と「聴読解」を分けているという特徴がある。「記述」の採点には技術な困難が伴い、「0、1、2、3」の4段階だが、他の類は得点化されている。なお、日本留学試験には英語は含まれず、受験者の英語能力の評価方法は各大学に任されている。

日本語能力試験が日本語に関する試験の嚆矢として、手探りの状況から構築されていったのに対して、BJTビジネス日本語能力テストと日本留学試験の科目「日本語」は、日本語能力試験の経験をふまえ、さらに新しい言語教育理論、テスト理論の新しい流れを取り入れたものを加えていった。

3節　テスト理論の基礎

1　テスト理論の必要性

テスト理論は Gulliksen（1950）など1950年代に基本が確立されていた。日本の公的試験ではテスト理論に基づきテストを開発・評価することの重要性について大きな注意が払われることがなかったが、最近になって多くの試験で、テスト理論に基づく分析を必要とすることが大きな流れになっている。例えば、日本留学試験は年に2回実施されており、試験結果は2年間有効となっている。したがって、4つの試験結果のうち、利用されるのはどの機会の試

験で得られた成績でもよいことになる。さらに、実施地域間の時差等への対策から、同一時期の試験でも複数種類の問題が用意されている。そのうちの1つのバージョンが公開されているが、それ以外は非公開である。問題が異なるテストの得点を相互に比較可能にするためには、得点の等化 (equating) が必要となる。ある一時期に実施した複数のバージョンも、複数の実施機会で得られた得点も、相互に比較可能でなければならない。それを可能にするのがテスト理論である。それは、決してこの試験に特殊な状況ではない。例えば、TOEFL-PBT の場合、年間に数回実施されていたが、その時期ごとに問題項目は異なっていた。しかしながら、TOEFL-PBT では得点の等化が行われているため、常に同じ尺度上で得点が表され、異なる時期の間での得点の比較可能性が保証されている。

質の高い大規模な試験を開発・維持するには、測定内容面からの検討を十分に実施しなければならない。妥当性 (validity) の問題である。例えば、学力調査であるならば、学習指導要領や準拠した教科書等で教えられる内容、もしくはその結果獲得される能力を、偏りなく反映していることが必要である。これらの諸問題を理論的、実際的に解決する方策を導くのがテスト理論の役割ということになる。

2 テスト理論の分類

テスト理論は、古典的テスト理論と項目応答理論 (Item Response Theory; IRT) に大別される。項目応答理論は項目反応理論とも呼ばれるが、言語テスト関係では項目応答理論がよく用いられる。

古典的テスト理論は、基本的には正答項目数を数え上げる計数モデルである。古典的テスト理論には、項目分析 (item analysis)、信頼性 (reliability)、妥当性 (validity) 等、心理学的な測定研究などでよく用いられる重要な概念が含まれている。

項目応答理論は、受験者個人の測定結果が、モデルで想定される間隔尺度水準の特性尺度値上の1点に位置づけられる「計量モデル」であり、正答項目数を数え上げるのではなく、モデル上テストが直接何らかの潜在的な特性

を測定していると考える。

3　正答数得点の問題点

　受験者が正答した項目数を数え上げて得点とするのが、正答数得点である。項目の重要度に応じた重みをかけて足し合わせることが多い。通常「配点」と呼ばれるのはその重みのことである。わが国では一般的な成績表示の方法だが、国際標準のテストでは正答数得点が用いられることはない。その理由は、同一の受験者でも問題項目が異なると同じ得点にならず、問題項目の異なるテストを相互に比較できないからである。すなわち、当該受験者の特性（能力）水準を一意的に数値で示すことができないという難点がある。例えば、TOEFLのCBT (Computer Based Test)版(現在は実施されていない)ではコンピュータを相手に解答していくが、一人一人他の受験者とは異なる問題に解答することになる。全ての受験者が、異なる問題で構成されているテストを受験するにもかかわらず、結果は同じ尺度上に表示される。そのような場合、正答数得点は意味をなさないのである。

　それでは、標準得点 (standardized score) の場合にこの難点が克服されると言えるであろうか。標準得点というのは、テスト得点から平均点を引いて標準偏差で割って算出する。統計学でいう標準化という操作である。平均得点が0になるが、負の数や小数点以下の数値が現れるために扱いにくい。そこで、標準得点を10倍して50加えれば、得点をほぼ正の整数値で表すことができるということで、「標準得点×10＋50＝Z得点」と表す。Z得点は心理学でよく用いられてきたが、教育の分野では「偏差値」として有名になってしまった。

　標準得点化によって、成績は受験者集団におけるテスト得点の分布状況とは無関係に表示できる。すなわち、平均値、標準偏差によらず、個々の受験者を当該受験者集団内での相対的な位置で表すことができる。同一の受験者集団、もしくは、同一の能力水準や等価な複数の受験者集団が難易度の異なる2つのテストを受験した場合でも、2つのテストの測定結果を標準得点で表示すると相互に比較可能になる。

4 共通尺度の必要性

しかしながら、標準得点化を行ったとしても問題点は残る。上記の比較は、同一の受験者集団、もしくは等価な複数の受験者集団が複数のテストを受験した場合にのみに成立するためである。実際にはそのような条件が整うケースは限られており、実用性は低い。また、正答数得点の上限や下限である満点や0点の位置が、標準得点化することによって揃わなくなることも問題になる。

それに対してテスト得点の等化 (equating) は、それを行うことによって複数の受験者集団が異なるテストを受験した場合でも成績を比較することが可能となる。例えば、日本留学試験の場合、年間2回の実施時期の受験者集団の能力水準が同じであると考えれば、標準得点化で概ね解決がつくかもしれないが、現実にはそのことが保証されるわけではない。年に複数回実施される米国のテストでも、時期によって受験者集団の能力水準が異なる場合があることが知られている。能力水準が同等とは限らない複数の受験者集団が、それぞれ異なるテストを受験している場合、正答数得点を出しても相互に比較できない。比較可能にするには、標準得点化をさらに進めて、何らかの方法で共通尺度を構成することが必要になる。異なるテストの結果が共通尺度上の値で表現される必要があると言える。

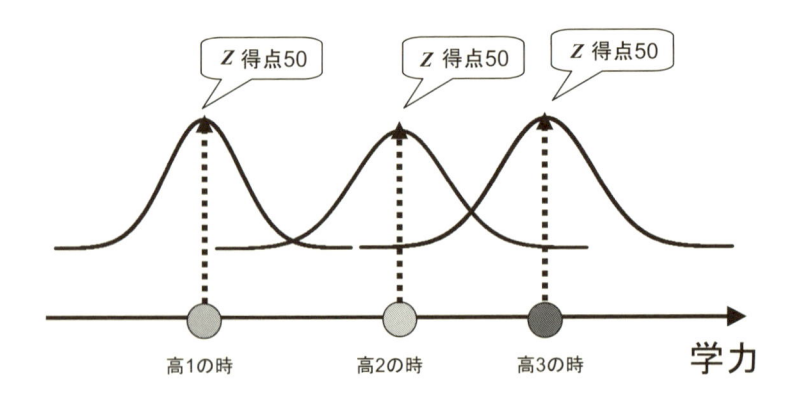

図6-1　共通尺度と学年別標準得点

共通尺度による表現は**図6-1**のように例示できる。例えば、高1、高2、高3とZ得点が$Z=50$と変わらない生徒のケースを考える。標準得点では学力の変化を表すことができない。学力が伸びたにもかかわらず、常に相対的には中央に位置した状態である。それを共通尺度上に表すと変化を表すことができる。集団全体では常に中央に位置しているが、集団全体は進歩している。その変化も評価することが必要である。共通尺度には集団自体の変化を表すことが可能という利点もある。

5　特性尺度値による表現

そこで、後述の項目応答理論につながる簡単なモデルを例示すると、以下のようになる。

　ⅰ）ある能力を表す潜在特性尺度を1次元の尺度上で表す。
　ⅱ）各項目を困難度に応じて直線上の1点に位置づける。
　ⅲ）各受験者を能力水準に応じて直線上の1点に位置づける。
　ⅳ）各受験者は特性尺度上で自分の位置よりも「左側にある項目」には常に「正答」し、「右側にある項目」には常に「誤答」する。

と仮定する。

共通尺度上の位置が等しい受験者AとBがそれぞれ、「テストX」、「テストY」に解答する状況を考える（**図6-2**参照）。尺度の左側が易しい項目、右側

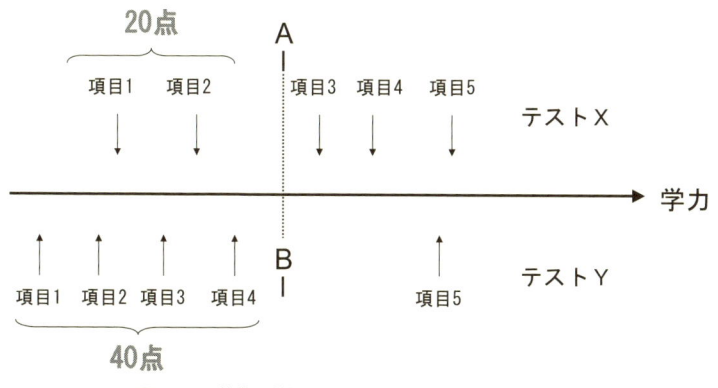

図6-2　学力が等しくても得点が異なるケース

が難しい項目とする。上記の4つの仮定の下で、Aは1問10点として20点となる。一方、同様に考えると、Bは40点得ることになる。結果的に、AとBは同じ能力であるにもかかわらず、正答数得点では成績が異なってしまう。

さらに、共通尺度上での受験者間の能力値の変化が等しくとも、テストに含まれる項目の困難度の分布状況によって正答数得点の差が等しくならない状況も考えられる。図6-3のように、仮定された潜在特性尺度上でAは「A_1」から「A_2」へと能力を伸ばし、Bは「B_1」から「B_2」へと能力を伸ばしたとする。このときのAとBの能力の伸びは等しいとする。Aは「A_1」の状態では1問正答で10点、「A_2」では2問正答で20点となる。「A_1」と「A_2」の正答数得点の差は10点である。すなわち、Aの能力の伸びは10点分と評価されることになる。一方、「B_1」は20点、「B_2」は50点となり、その差は30点である。Bの能力の伸びは30点分と評価される。共通尺度上では等しい差が正答数得点では10点差、30点差と異なってしまうことによって不公平な評価を受けることになる。

これらの諸条件を満たす特性尺度は、項目応答理論を適用すれば実現可能となる。ただし、仮定の「iv）自分の特性尺度値より左側の項目には常に正

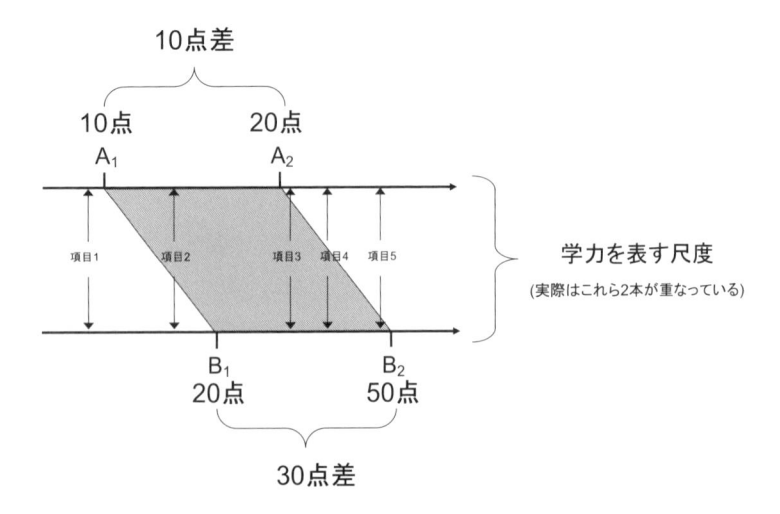

図6-3　等しい能力差でも得点差が異なるケース

答し、右側の項目に常に誤答する」、はあまりにも制約が厳しく、非現実的である。項目応答理論では、受験者は特性尺度上で左側にある項目ほど正答する確率が高く、右側にある項目ほど正答する確率が低いという、より緩やかな仮定を置いている。

4節　項目応答理論

1　項目応答理論の利点

最初に項目応答理論（以下、IRTと略記する）の利点についてまとめる。

正答数得点による成績表示を前提とする古典的テスト理論の場合には、項目の困難度は正答率（通過率）で定義される。正答率とは、「受験者集団の中で正答した者の全受験者に対する比率」である。したがって、定義そのものの中に「受験者集団で」という限定が含まれる。すなわち、テストの結果は常に当該のテストを一緒に受験した同じ集団の制約の中でしか表現できないのである。一方、IRTでは、項目の困難度が受験者集団とは独立に定義される。困難度はIRTモデルで設定される尺度上の位置で定義されるので、受験者集団と全く独立に表される。同時に、受験者の特性尺度値も解答する項目と独立に定義され、項目困難度と同様に共通尺度上の1点に位置づけられる。項目困難度と受験者の特性尺度値が同一の尺度上に位置づけて表されることが大きな利点になる。

正答数得点の下では、受験者の成績はn点満点のテストでx点という形で表され、項目の困難度は正答率で表されるため、数値そのものだけでは適切な問題項目が出題されたかという測定の質を検討することができない。IRTは項目と受験者が同一尺度上に位置づくので、受験者の能力測定に適切な困難度の項目かどうかの判断が容易に可能となるのである。

古典的テスト理論の下では、測定精度は信頼性係数で表されるが、これは1つのテストに対して1つの数値として定義される。実際には1つのテストが全ての受験者に対して同じ精度を持つことはない。例えば、易しい問題項目から構成された学力テストでは、学力が低い層については精度が高くても、

学力が高い層を測るテストとしては有効ではないが、信頼性係数はそれとは無関係に平均的な値で表される。一方、IRTでは測定精度がテスト情報量で表されるが、これは特性尺度値の関数として定義されるので、尺度値ごとにきめの細かい測定精度の評価が可能となる。

2 項目応答理論の成立と発展

IRTを1つの体系として理論的な開発・整備を行ったのは米国のF.M. ロードである。ロード以前にも先駆的な研究が存在するが、ロードが1952年、計量心理学会 (Psychometric Society) が発行するモノグラフに基本的な枠組みを発表している。当然、その後に理論的発展があるが、基本はそこに発表されている。例えば、最近、構造方程式モデル (Structural Equation Modeling; SEM) を用いたIRTの項目パラメタ値の推定法が提案されているが、基本となる数式はすでにLord（1952）に発表されている。さらに、IRTが統計数理的に確立されたのはLord & Novick（1968）の出版による。

実用面でIRTが体系的に用いられるようになったのも、最近のことではない。TOEFLなど米国のテスト開発機関（例えば、ETSやACTなど）で開発される試験を中心に、実用水準でも以前から用いられている。一方、わが国の公的試験で用いられるようになったのは最近のことである。

IRTは米国のみならず、欧州における言語テストや欧州の影響が大きいオーストラリアで、また、医療の分野でもクオリティー・オブ・ライフの尺度を構成するのに利用されているのをはじめ広く用いられている。

3 項目応答理論のモデル

IRTでは、2値型の応答モデルが基本となる。すなわち受験者の応答が「正答」と「誤答」の2つの段階で表される場合に適用される。2値型応答モデル以外に、多段階の応答モデルなども存在する。受験者の応答が段階づけられたカテゴリで表されるモデルである。多枝選択形式の場合は、通常正答と誤答の2値型で採点することが多いので2値型応答モデルで十分だが、選択枝に部分点を付けておくことによって、多値型応答モデルを使うことも可能と

なる。

　2値型応答モデルで代表的なのは項目特性曲線にロジスティック関数を用いたロジスティック・モデル (logistic model) である。後述する正規累積型モデルに比べて、理論的な計算が容易だという利点がある。ロジスティック・モデルには、1パラメタ、2パラメタ、3パラメタ・モデルがある。1パラメタのロジスティック・モデルは、別名ラッシュ・モデル (Rasch model) とも言う。デンマークの数学者 G. ラッシュが別の文脈で考案したモデル（例えば、静 2007 などを参照）ではあるが、数学的には1パラメタ・ロジスティック・モデルと同値であることが示される。ラッシュ・モデルは2パラメタ、3パラメタ・ロジスティック・モデルの特別なケースとして位置づけられる。なお、ラッシュ・モデルは欧州やオーストラリアでよく使われている。3パラメタ・ロジスティック・モデルは米国で多く、2パラメタ・ロジスティック・モデルは日本で多く見られるという特徴がある。

　Lord (1952) では正規累積曲線モデルが提案されていた。心理学では正規累積型曲線がよく用いられるが、それをテスト理論に適用したものである。曲線形は単純だが、関数型が積分のインテグラル記号の上限に複雑な数式が入る上に、積分式をそのまま用いるので理論的な展開が難しいという難点があった。そこで、正規累積曲線とほとんど変わらない（実用的には等しい）形状を描くロジスティック曲線が使われるようになった。

　2パラメタ・ロジスティック・モデルでは、特性尺度値 θ を持つ受験者が項目 j に正答する確率 $P_j(\theta)$ は(1)式で表される。

$$P_j(\theta) = \frac{1}{1+\exp\{-1.7a_j(\theta - b_j)\}} \quad (1)$$

　能力が高くなれば正答確率が上がり、能力が低くなれば正答確率が下がる、ということを θ の単調増加関数として表している。なお、θ は受験者の特性尺度値を表す変数、a_j, b_j は項目のパラメタで、曲線型を決定する。分母の指数関数の中の −1.7 という係数は、ロジスティック・モデルを a_j, b_j が等しい正規累積モデルの曲線に近似するために、必要な調整値である。

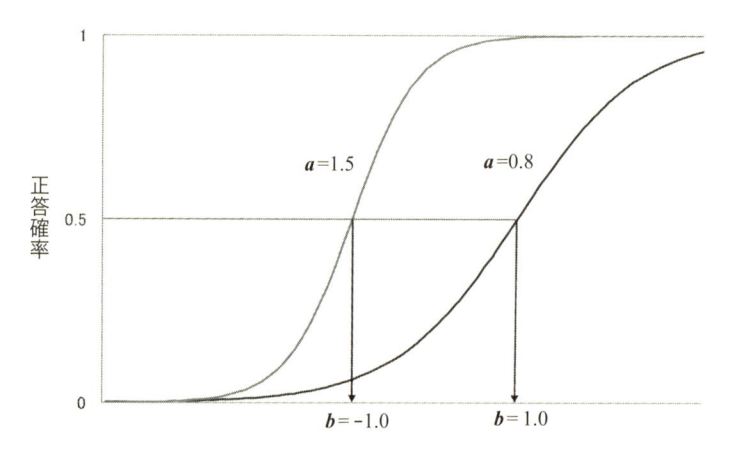

図6-4　2パラメタ・ロジスティック・モデルの項目特性曲線と項目パラメタ

　ここで、2つの項目を考える。縦軸が正答確率 $P_j(\theta)$、横軸が潜在特性尺度 θ を表すとする。(1)式では、特性尺度値 θ が上がるほど正答確率が上がる。正答確率は単調増加関数であり、縦軸の値が逆転することはない。**図6-4**は(1)式で表される特性尺度値 θ と正答確率 $P_j(\theta)$ の関数を表す曲線である。この曲線は項目特性曲線 (item characteristic curve) と呼ばれる。図6-4では a_j、b_j の値が異なる2つの項目の項目特性曲線を表している。左側の項目では a 値が1.5、右側が0.8、b 値は左が−1.0、右が1.0である。b は曲線の位置を表すパラメタである。b 値が大きい項目の項目特性曲線が図の右側に位置する。a 値は曲線の傾きを表す。図6-4では、1.5の方が0.8より急峻なカーブを描いている。

　b パラメタは、項目困難度を表す。$\theta=-1.0$ の能力の受験者が右の項目に正答できる確率は非常に低い。一方、左の項目に正答できる確率は0.5となる。b が曲線の位置を表すので、b の値が大きいと難しく、小さいと易しい項目ということになる。

　a は識別力を表す。識別力とは、項目困難度パラメタ b 付近の曲線の勾配の大きさに関係する指標である。左の項目の方が、勾配が急である。すなわち、その前後で正答確率の変化が大きい。言い換えれば、その値付近では、特性

尺度値の微小な違いが正答確率に極めて敏感に影響することを意味する。

1パラメタ・ロジスティック・モデルでは(2)式のように項目パラメタの数が1個減る。項目特性関数のaに項目の違いを表す添え字「j」がないことが違いである。すなわち、全ての項目でaパラメタの値が共通であることを意味している。

$$P_j(\theta) = \frac{1}{1+\exp\{-1.7a(\theta-b_j)\}} \quad (2)$$

1パラメタ・モデルの当てはまりがよいのは、古典的テスト理論の項目分析で識別力を表す点双列相関係数の値が項目間であまり違わない場合である。実際にモデルを適用する場合には、現実とのバランスを探っていく必要がある。いくらでも複雑なモデルを作って現実のデータへの当てはまりをよくすることはできるが、それだけでは意味がない。現実に結果として有用な結論が出せるかどうかが重要と言える。現実問題として、受験者数が少ない場合には、パラメタの数が少ない方が、推定精度がよくなるので、1パラメタ・ロジスティック・モデルの方が有効に機能する場合がある。

3パラメタ・ロジスティック・モデルは(3)式のように、項目パラメタ数が3個となる。2パラメタ・モデルと同じa_j, b_jにパラメタc_jが加わる。c_jは項目特性曲線の下方漸近線の値を示す。3パラメタ・モデルの場合は$b_j=\theta$において、$P_j(\theta) \geq 0.5$となる。多枝選択形式の問題の場合、あて推量 (random guessing) が起きるので、本来は正答できない場合でも偶然に正答する確率が生じてくるのである。その分が上乗せされたモデルである。

$$P_j(\theta) = c_j + (1-c_j)\frac{1}{1+\exp\{-1.7a_j(\theta-b_j)\}} \quad (3)$$

3パラメタ・モデルの場合、c_jの推定場面で問題が生じることがある。推定計算の収束が悪い、c_jの推定値が現実に照らして考えられない値になる、といったことがある。さらに、モデル上あて推量が必ず一定の確率c_jで生起するとしている点も問題である。例えば、特性尺度値が極めて低い受験者

が5枝選択の問題に解答する場合、あて推量で正答する確率は0.2となるかもしれない。全く手がかりがなければランダムに正答を選ぶしか方法がないからである。しかし、より特性尺度値が高い受験者の場合、完全に正答が分からない状態ではない。例えば、選択枝を2つに絞ったとすれば、あて推量による正答確率は0.2ではない。それにもかかわらず、3パラメタ・モデルの場合、θの全域で常に一定のあて推量による正答確率を与えてしまうのである。

実際のテストでは、3パラメタ・モデルに矛盾するケースが見かけられる。すなわち、非常に特性尺度値が低い受験者は完全にあて推量で解答するが、特性尺度値が少し高い受験者の正答確率の方が低くなることがある。つまり、受験者が正答を考える状況になると正答確率が下がるが、もう少し理解が深まると、正答確率が再び上がり出すというような項目も稀ではないのである。

そもそも、正答確率がそこまで低くなるような項目をテストに含めること自体に問題があると言える。測定対象に適合した項目とは言えない。現実に適用するには、無理にcパラメタを導入するよりも、2パラメタ・ロジスティック・モデルの方が実用的と考えられる所以である。

4　特性尺度値の推定

前項までは基本的に単一の項目に関する議論を行ってきた。しかし、テストは複数の項目に対する応答を基に、受験者の成績を何らかの形で示すことを目的として実施するものである。IRTの場合、特性尺度値で個人の能力を表すが、実際に観測された項目応答パタンが得られる確率が最大となるθの値をもって、個人iの特性尺度値の推定とするのである。なお、以下の例示では、誤答は「0」、正答は「1」と表している。

例えば、4項目から構成されるテストがあるとする。これら4項目の項目パラメタ値は、a_jは共通で1.0、b_jは順に-1.5、-0.5、$+0.5$、$+1.5$とする。応答パタンを「1、0、0、0」「1、1、0、0」「1、1、1、0」……、といった形で表すと2値の4項目なので、理論的に$2^4=16$通りの項目応答パタンが生じる。表6-1には典型的なパタンのみを示した。

表6-1 ある4項目のテストにおける応答パタンの生起確率

特性尺度値	-3.0	-2.5	-2.0	-1.5	-1.0	-0.5	0.0
パタン #1 (1, 0, 0, 0)	0.071	0.148	0.273	0.407	**0.449**	0.346	0.180
パタン #2 (1, 1, 0, 0)	0.001	0.005	0.021	0.074	0.192	0.346	**0.422**
パタン #3 (1, 1, 1, 0)	0.000	0.000	0.000	0.002	0.015	0.063	0.180
特性尺度値	0.5	1.0	1.5	2.0	2.5	3.0	
パタン #1 (1, 0, 0, 0)	0.063	0.015	0.002	0.000	0.000	0.000	
パタン #2 (1, 1, 0, 0)	0.346	0.192	0.074	0.021	0.005	0.001	
パタン #3 (1, 1, 1, 0)	0.346	**0.449**	0.407	0.273	0.148	0.071	

θの条件つき正答確率を$P_j(\theta)$、誤答確率を、$Q_j(\theta) = 1 - P_j(\theta)$とする。テストを実施する以前の状態では、$\theta$は未知である。項目数を$n$とすると、特定の応答パタンを得る確率と$\theta$との関数は以下の(4)式で表される。ここで項目応答理論の重要な仮定である「局所独立の仮定」が導入されている。これは、受験者のある項目に対する解答(回答)は、他のいずれの項目に対する解答(回答)とも独立に生ずる、ということを仮定するが、言い換えると、特性尺度値を固定したときに、ある項目応答パタンが生じる確率は、各項目に対する応答が生じる確率の積で表される、ということである。

表6-1に(4)式で得られた結果を示している。ただし、表6-1ではθを0.5刻みで表しているが、実際にはθの連続量である。

$$\text{Prob}(u_i|\theta) = \prod_{j=1}^{n} P_j(\theta)^{u_{ij}} \cdot Q_j(\theta)^{1-u_{ij}} \tag{4}$$

例えば、θが0.0のときにパタン♯1の生起確率は0.180、パタン♯2は0.422、パタン♯3は0.180となっている。縦方向に16パタンの生起確率の全てを足すと、1.0となる。

一方、実際にテスト結果として得られるのは項目応答パタンである。例えば、パタン♯2では結果は「正答」「正答」「誤答」「誤答」なので、各10点の配点の正答数得点で表せば、20点の得点となる。これに対してIRTの特性尺度値θを推定する場合には、この応答パタンが生じる確率が最も高い特性尺度値の値を当該受験者の推定尺度値$\hat{\theta}$とする。

すなわち、次の(5)式を用いて推定する。(5)式は(4)式と右辺が等しいが、(4)式ではθが与えられている時にu_iが得られる確率を表すのに対して、(5)式では逆にu_iが与えられているときにθが得られる確率を表している。θが変数であり、(5)式は尤度関数と呼ばれる。

$$L(\theta|u_i) = \prod_{J=1}^{n} P_j(\theta)^{u_{ij}} \cdot Q_j(\theta)^{1-u_{ij}} \tag{5}$$

例えば、$\theta=-3.0$でこのパタンが生じる確率は0.001、$\theta=-2.5$では、0.005…となる。そして、$\theta=0.0$で最大値0.422を取る。このように、そのデータが生じる可能性が最も高い尺度値をθの推定値とするのである。例えば、パタン＃3であれば、$\theta=1.0$で最大値0.449、パタン＃1では$\theta=-1.0$で最大値0.449を取る。最大の尤度を与えるθの値が最尤推定値である。

正答数得点の考え方と比べ、IRTでは項目応答パタンをそのまま活かしているという点が利点である。例えば、「1、0、1、0」というパタンも正答数が2なので、正答数得点ではパタン＃2と同じ結果となる。IRTではパタンが異なるとθの推定値も異なる。そういう意味で、テスト結果が持つ情報をより活かしていることになる。

5　項目パラメタの推定

前項では項目パラメタは既知のものとして扱っていたが、実際のテストでは項目パラメタ値をまず推定しなければならない。受験者の項目応答行列を基に、そのようなデータが得られる確率が最も高くなるような項目パラメタの値を計算して推定値とする。同時最尤推定法、周辺最尤推定法、また別にベイズ推定法などがある。項目パラメタ推定法およびそのための数値計算法に関しては最近発展が著しいがここでは省略する。

(6)式は同時最尤推定法の尤度関数である。θとaとbを同時に推定する。実際に必要なのは項目パラメタ推定値であるが、受験者の特性尺度値θについても同時に推定するのがこの方法である。ただし、ここでaは識別力パラメタベクトル、bは困難度パラメタベクトルを表す。

$$L(U|a, b, \theta) = \prod_{i=1}^{N} \prod_{J=1}^{n} P_j(\theta)^{u_{ij}} \cdot Q_j(\theta)^{1-u_{ij}} \tag{6}$$

それに対して(7)式は周辺最尤推定法の尤度関数である。周辺最尤推定法では、受験者の母集団分布を仮定することによって受験者個人の θ を推定しない。「標本数（受験者数）が多くなると推定値が真値に一致する」という一致性を満たし、同時最尤推定法よりも統計数理的によい性質を持っている。

$$P(u_p) = \int_{-\infty}^{+\infty} g(\theta) \prod_{J=1}^{n} P_j(\theta)^{u_{ij}} \cdot Q_j(\theta)^{1-u_{ij}}$$

$$L(N_1, N_2, ..., N_m | a, b) = \frac{N!}{\prod_{p=1}^{m} N_p!} \prod_{p=1}^{m} P(u_p)^{N_p} \tag{7}$$

ただし、$m = 2^n$ で、P は項目応答パタンを Np はその項目応答パタンを示す人数を表す。

6 テストの測定精度

IRT ではテストの測定精度は2パラメタ-ロジスティック-モデルの場合にはテスト情報量で表す。テスト情報量は θ の関数として表され、テスト情報関数 (test information function) と呼ばれている。テスト情報関数は(8)式で表される。

$$I(\theta) = D^2 \sum_{J=1}^{n} a^2{}_i P_j(\theta) \{1 - P_j(\theta)\} \tag{8}$$

古典的テスト理論の下でテストの精度、品質を表す指標は信頼性係数という受験者集団に依存した1つの値であったのに対して、IRT では(8)式で $I(\theta)$ が θ の関数として定義されるため、特性尺度値によってテストの精度に違いがあることを表現することが可能になる。

図6-5は後述する「日本語 Can-do-statements」という60項目からなるテストのテスト情報曲線である。この例で言えば、$\theta = 0.0$ 付近の受験者に対する特性尺度値の推定精度が極めて高いことが示されている。一方、分布の端は情報量が少なく、推定精度が低い。

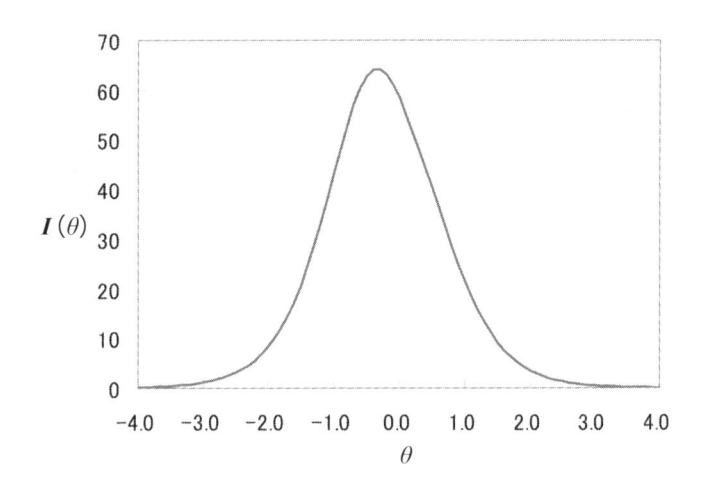

図6-5　日本語 Can-do-statements 60項目のテスト情報量

例えば、毎年約50万名の受験者がいる大学入試センター試験をテスト情報量の考え方で評価するならば、精度が高い「推定」が可能な範囲には、おのずから限界があるということが言える。学力の幅が極めて大きい約50万名もの受験者に対して、1種類の試験問題で精度のよい測定が可能なのかどうかという疑問が生じるのである。

7　等　化

複数の IRT 尺度が存在するとき、間隔尺度の原点と単位とを揃えた共通尺度を構成する必要がある。IRT 尺度では、目盛の原点の単位は線形変換の範囲内で自由に設定できる。例えば、温度の単位で華氏 (Fahrenheit; °F) と摂氏 (centigrade; ℃) は、原点も単位も異なるが、線形変換を行えば共通の尺度に合わせられる。複数の尺度を共通尺度に合わせることを等化(equating)という。これが IRT 尺度の最大の利点と言える。例えば、テストの実施機会ごとにパラメタを推定し、原点と単位を実施機会ごとに決めていたとしても、適切に線形変換をすることで共通尺度上に乗せられる。例えば、TOEFL-PBT を年間8回実施して、各回でパラメタ推定を行って独自の原点の単位を持つ IRT

尺度を構成していたとしても、複数の線形変換を行うことで、全てを共通尺度上に乗せることが可能となる。

例えば、尺度 θ と尺度 θ^* という2つの尺度があるとする。この2つの尺度の間に

$\theta^* = k\theta + l \ (k > 0)$

という関係が成り立つとすれば、

$a^* = a/k, \ b^* = kb + l$

が成立し、結果的に

$P(\theta^*) = P(\theta)$ となる。ただし、実際には、k と l をどのようにして推定するかが問題となる。

具体的な等化のデザインおよび k, l の推定に関しては、様々な方法が提案されている。

8　特異項目機能

IRTを用いて特異項目機能 (Differential Item Functioning; DIF) を検出することも可能である。差異項目機能という訳が用いられることもある。特性尺度値が等しい受験者であっても、属する下位集団が異なると正答確率が異なるという現象が特定の項目で生じている場合、DIFが存在するという。

米国社会では、人種や性別でDIFが問題となる場合がある。例えば、受験者が白人でも黒人でも、特性尺度値が等しければある項目に正答する確率も等しくなければならない。もし、白人受験者集団の方が黒人受験者集団よりも正答確率が高くなるようなことがあれば、社会問題化する。意図的ではなくともバイアスを含んだ項目ということになる。

DIFは歴史的には項目バイアスという考え方から始まったが、国際比較をする場合の質問項目の意味的等価性の検討にも用いられている。バック・トランスレーションにより言語的等価性が確認されていたとして（再翻訳法）、さらに社会文化的な文脈の中での項目の意味が同じなのか、検討する場合にも用いられる。バイアスという偏ったニュアンスだけではなく、集団によって異なるということを表す概念であり、価値的に問題のある場合もそうでは

図6-6 均一 DIF が生じている項目特性曲線

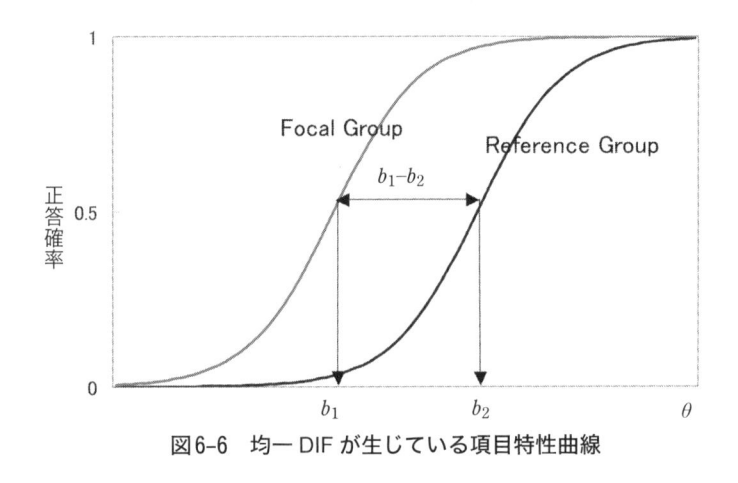

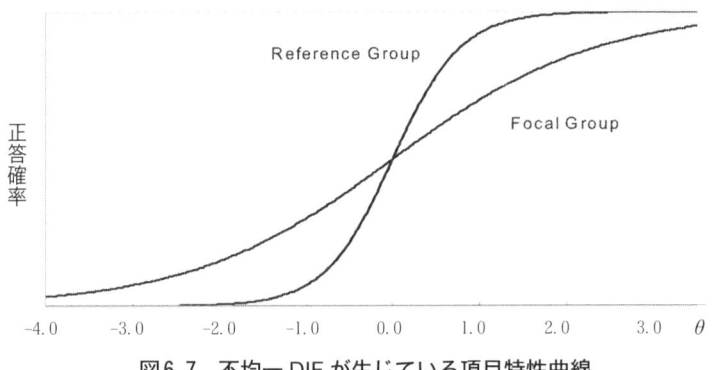

図6-7 不均一 DIF が生じている項目特性曲線

ない場合もある。そのため最近では「項目バイアス」と呼ばれることはなく、一般に「DIF」が用いられている。

図6-6は均一 DIF が生じている項目の例である。特定の焦点集団 (Focal Group) が参照集団 (Reference Group) に対して、同じ正答確率を得る特性尺度値が一定の値だけずれているような状況である。

図6-7は不均一 DIF が生じている項目の例である。集団による差異が θ によって変わっている。図6-7の例では、特性尺度値が低いところでは焦点集団が有利だが、特性尺度値が高いところでは参照集団が有利となって、逆転

が起こっている。

DIFの検出法には大別してIRTを用いるパラメトリック法と、特にIRTを用いることのないノンパラメトリック法がある。パラメトリック法ではロードのχ^2法、尤度比検定法などがあり、ノンパラメトリック法にはMantel-Haenszel法、SIBTEST、ロジスティック回帰などがある。

9 項目応答理論の限界

IRTは強力なテスト理論であって、実用的にもすぐれた特徴を持つ。しかし、全てのテストに適用可能というわけではない。精緻なモデルである以上、精緻な仮定が置かれている。したがって、その仮定が満たされない状況で適用しても何も得られないことには留意すべきである。例えば、受験者数が少ないテストやモデルの仮定を逸脱した構造を持つテストに適用することはできない。古典的テスト理論の範囲で十分に有用な情報が得られる場合もある。IRTを適用していない試験が直ちに時代遅れの試験になるということではない。濫用に陥るとむしろ試験の質を低くしてしまう。利点を活用できなければ無意味なのである。

IRTを活用するには、事前に項目パラメタが推定されていることが必要である。すなわち、本番のテストの前に事前の予備テストが必要だが、その際に問題が漏れてしまってはならない。また、良質な項目は再利用される。項目が公開される状況では再利用が不可能となり、IRTを用いた共通尺度化を行うことができない。

さらに、「IRTは絶対評価をするテスト理論である」という受け取られ方をされる場合もあるが、それは事実に反する。共通尺度に乗せられ、共通尺度上の変化が観察可能というメリットはある。しかし、「原点0は学力がない」というような絶対評価ではない。原点と単位は任意に定めることが可能だからである。

5節　日本語能力の測定に関する諸問題

1　項目応答理論を用いた日本語 Can-do-statements の DIF 分析

　日本語 Can-do-statements（三枝他 2004）とは、1997（平成9）年から開発された、日本語学習者の言語能力を測定する尺度である。具体的な場面で日本語を使って行う行動が、どの程度できるかを自己評価により測定する。「読む」「書く」「聞く」「話す」の4技能に各15項目の質問があり、合計60項目で構成されている。日本語 Can-do-statements は日本語能力試験の妥当性検討のための外的基準の一つとして用いられることを意図して開発された（島田他 2006）。特定レベルの受験者の日本語運用力について具体的な解釈規準となることを目指したものである。

　この日本語 Can-do-statements に対して、野口他（2007）では、IRT 尺度を構成し、母語をもとに下位集団を構成して DIF 分析を実施した。調査は、2002（平成14）年に行われ、調査対象は国内の日本語学校、大学計9校で日本語を学ぶ794名の外国人学生であった。日本語 Can-do-statements で特性尺度値が等しい日本語学習者でも、母語が異なると「できる」と回答する確率が異なる場合、当該項目に DIF が存在することになるが、そのような項目を検出し、共通の特徴を抽出することを試みたものである。野口他（2007）では母語として中国語と韓国語を取り上げて比較した。日本への留学生はこの2か国が多数を占めているからである。

　分析の結果、60項目中10項目に DIF が生じていた。中国語母語話者に有利な項目は、全てが「読む」と「書く」技能の項目であった。例えば、「図書館の本棚にある本の背表紙を見て必要な本を探すことができますか」という項目がそれに当たる。漢字の存在が有利に働くとみられる。

　一方、韓国語母語話者に有利な項目は、主に「話す」「聞く」の技能の項目であったが、一部に「書く」の項目も見られた。漢語の存在、発音や専門用語の類似性といった言語的な要因、テレビドラマなどの大衆文化の類似性といった文化的な要因等が考えられる。特に、韓国語の文法構造が日本語に近いことが韓国語母語話者に有利な DIF の出現に影響している可能性がある。

DIF 分析の結果、大部分の質問項目では DIF は検出されなかった。検出された場合には、主として「読む」「書く」の技能では中国語母語話者が有利に、「話す」、「聞く」の技能では韓国語母語話者が有利な DIF 項目となる傾向があった。

2　パフォーマンステストにおける真正性とその方法論的問題

近年、パフォーマンスを測定するということが重視されている。「言語能力」の場合も実際に使える必要があるということで、実際に「話す」「書く」形式のテストの開発がさかんに試みられている。実際の場面に近い状況での測定ということで、真正性 (authenticity) という概念が強調される (例えば、Bachman 1990)。単に獲得した知識を問うのではなく、実際の生活場面で他者とコミュニケーションができる、という意味である。従来の客観式のテストは、いわゆる問題項目の個別要素的なテスト (discrete point test)、分析的なテストと呼ばれ、文法・語彙など個々の知識について獲得した程度を重視した測定として批判されることが多くなった。

しかし、パフォーマンスの測定には大きな問題が潜んでいる。まず、全てを実際場面に近づけて行くと、情報が多すぎて「測定する」という視点で大切なものが何か分からなくなってしまう。言い換えると測定したい部分が強調できない。真正性もあくまで言語能力を測定するために必要な概念である。実際の言語使用場面をそのまま忠実に試験に持ち込むことが適切かどうか、測定目的に照らしてその程度を十分に考える必要がある。あくまでも程度問題として考えるべきなのである。

パフォーマンスの測定には、採点者、評価者の主観の影響が大きい。客観性、信頼性をどうやって確保するのかが大きな問題となる。また、受験者に対して提示できる課題を多くはできず、そういう意味で妥当性の面でも十分ではないこともある。試験の目的によっては完全なパフォーマンステストが適切な場合もあるかもしれない。しかし、測定目的によってはパフォーマンス的な部分と個別要素的な部分とを組み合わせて、信頼性の高い、かつ、言語知識に偏らない試験にすることが適切な場合もある。受験者に学習診断的

なフィードバックをしようとするならば、個別要素的な問題項目が必要である。

例えば、ビジネス場面に特化した日本語能力テストで、実際のビジネスの場面でのコミュニケーションを評価する場合、ビジネスの典型的場面を含めばそれでよく、こと細かな部分までテスト場面に取り入れる必要はないのである。テストは現実世界の精密な模型である必要はないということである。

パフォーマンステストが抱えた問題の存在は言語テストに限らない。教育の問題では振り子が完全に振り切れるまで新しい考え方を推し進め、その限界を顧みることがないことが稀ではない。新しく出てきた考え方を徹底的に推進し、それまでの考え方を全否定する傾向がある。そういった「振り子現象」が生じやすい。言語教育における「コミュニカティブなアプローチ」が一時期、言語教育、外国語教育、日本語教育などの分野を席巻したが、それが全てであるかどうかを再検討すべき時期に来ているように思われる。大切なのはバランスである。

3　パフォーマンステストにおける包括的評価と分析的評価

パフォーマンステストにおいては採点者が主観的に評価を下す必要がある。その場合、包括的評価と分析的評価の2つの考え方がある。

包括的評価は、パフォーマンスを要素や側面に分けることなく、総体として評価する方法である。それに対し、分析的評価では要素を側面に分けて個別に評価する。例えば、評定尺度を複数用意するようケースである。分析的評価の場合、要素への分割の仕方が重要である。

日本語試験の分野では、双方の事例がある。

包括的評価を採用している試験として、日本語 OPI（Oral Proficiency Interview）がある。OPI とは、外国語学習者の会話のタスク達成能力を、一般的な能力基準を参照しながら、対面のインタビュー方式で判定するテスト（牧野他 2001）である。具体的には、資格を持ち訓練されたテスターが受験者と1対1で面接による直接対話を行い、質問と応答、ロールプレイなどにより受験者の発話を引き出し、その受験者の話す能力を「初級－下」から「上級－上」「超

級」までの10段階のいずれかに判定する形式の試験である。判定基準はテスター養成段階で訓練されるが、評定尺度のような形で明示されていない。

一方、庄司他（2004）の「日本語口頭能力試験」は分析的評価を用いている。日本語口頭能力試験は大規模試験の中で実施することを意図しているという制約がある。また、日本語能力試験を構成する「話す」試験を念頭において研究開発が進められた。パーソナル・コンピュータで課題が提示され、それに対する受験者の発話が記録され、それに対して訓練された採点者がチェックリスト評定（言及事項の量的評定）、査定基準評定（質的評定）を行う。日本語能力試験2級との相関が0.674（庄司他 2004）、日本語OPIとの相関が0.64程度という結果が出ている。

さらに、海外技術者研修協会（AOTS）の口頭能力試験がある。海外からの技術研修生を対象とした口頭能力試験（Shoji, et al. 2004）である。このテストは日本語口頭能力試験に近い仕様であり、分析的評価となっている。

包括的評価ではどのようにして客観性を保つか、分析的評価では、個々の評価をどのようにして総合的に要約するのかが問題となるが、いずれも難しい課題である。

4 解釈基準

受験者の成績から、その受験者の能力水準を判断するために、解釈基準が必要である。どのような解釈基準が必要であるかは試験の測定目的によって異なるが、現状では解釈基準が存在しないテストが少なくない。

例えば、TOEFLの解釈基準はホームページ上には公表されておらず、現段階では存在しないと思われる。受験者の得点は、受験者集団の中の相対的な位置として、解釈することになるが、TOEFLは入学試験で用いられ、そのため競争選抜としての側面が強く、受験者集団の相対的位置が重要な情報である。

TOEICの場合、受験者の個人の得点に加えて、Score Descriptors Table（レベル別評価の一覧表）として、得点範囲に対して、その範囲に入る受験者の長所および弱点が具体的に記述されたものが解釈基準として用意されている。

BJT 日本語ビジネステストの場合も、BJT の評価結果が実際にどのような日本語運用能力を反映したものなのかを明らかにするために、受験者が実際の場面で出会う言語行動を記述した質問項目に対して、日本語でどのくらいできるかを5段階で自己評価した結果をまとめて、CANDO レポートとして公表している。

欧州言語テスター協議会 (The Association of Language Testers in Europe; The ALTE)、はテスト開発者までを含んだ学際的な団体であるが、欧州内で使用されている言語に対して共通の枠組 (framework) に基づく Can-do statements を作成している。それを扇の要として、欧州各国で実施されている各言語テストに適用し、異なる言語テストで設定されるレベルの互換性を持たせようとしている。複言語主義に基づき、欧州評議会 (Council of Europe) に加盟している各国の作成した言語テストによる結果を、相互比較できる共通枠組み CEFR (Common European Framework of Reference for Languages) を作成している。

日本語能力試験では、解釈基準は用意されていないものの、日本語 Can-do-statements（三枝他 2004）によって一定の成果が得られている。

5　日本語能力測定の今後の展開

最後に、外国語としての日本語試験の今後について言及する。日本語に関する試験では、世界各地の国・地域の受験者が想定される。すなわち、試験に対する評価にも国際的な基準が適用されることになる。テスト理論的な面では項目応答理論を活用した尺度が必要となる。言語教育的な面では、試験の仕様にコミニカティブな要素と構造的な側面をバランスよく取り入れていかなければならない。例えば、日本語の文字はヨーロッパ系の言語にない特徴と言える。文字に関連した知識や技能の問い方には独自の配慮が必要である。さらに、解釈基準の内容も国際的評価にさらされる。試験の社会的責任や試験に関する情報の公開性、透明性をできるだけ高めていくことが必要となる。

試験開発に関するモデルは、主に欧米を中心として研究されてきた。例えば、欧州評議会の CEFR を日本語能力試験に適用すれば、日本語能力試験の

結果を国際的な解釈基準の中で位置づけることが可能となる。その際に文字、それも表意文字と表音文字とが混在する日本語の特徴を十分に踏まえて、どのような調整をするかが大きな課題となるであろう。

日本には独特のテスト文化がある。例えば非公開の試験問題であっても、何らかの方法で復元されて販売されてしまう。高い質のテストを開発・実施し続けるためには、予備テスト、尺度の等化、問題項目の再利用などが必要であり、そのためには問題項目を非公開とすることが望ましいが、それが現実に実効性を持つかどうかは難しい課題である。

今後、国際的評価に耐えられる日本語試験を開発するには、このような困難な諸課題を1つ1つ解決していく必要がある。

文献

Bachman, L. F., 1990, *Fundamental Considerations in Language Testing*, Oxford: Oxford University Press.
Gulliksen, H., 1950, *Theory of Mental Tests*, John Wiley & Sons.
Lord, F. M., 1952, "A Theory of Test Scores", *Psychometric Monograph*, No.7.
Lord, F. M. & Novick, M.R., 1968, *Statistical Theories of Mental Test Scores*, Reading MA: Addison-Wesley.
McNamara, T., 1996, *Measuring Second Language Performance*, Longman.
Shoji, Y. Noguchi, H. & Haruhara, K., 2004, "Assessing the Potential of A Large-Scale Oral Proficiency Test Using A Checklist", *The 12th Princeton Japanese Pedagogy Forum Proceedings*, pp.150-159.
大友賢二, 1996,『項目応答理論入門』大修館書店.
三枝令子他, 2004,『日本語 Can-do-statements 尺度の開発』科学研究費補助金研究成果報告書.
静哲人, 2007,『基礎から深く理解するラッシュモデリング―項目応答理論とは似て非なる測定の理想像』(Rasch Modeling for Objective Measurement) 関西大学出版会.
島田めぐみ・三枝令子・野口裕之, 2006,「日本語 Can-do-statements を利用した言語行動記述の試み―日本語能力試験受験者を対象として」『世界の日本語教育』第16号, pp.79-92.
庄司惠雄・野口裕之・金澤眞智子他, 2004,「大規模口頭能力試験における分析的評価の試み」『日本語教育』122, pp.42-51.

日本語能力試験改善に関する検討会・国際交流基金・日本国際教育支援協会，2008，『第2回日本語能力試験改定中間報告』．

日本語能力試験企画小委員会口頭能力試験調査部会，2003，『口頭能力試験科目の創設に向けて』国際交流基金．

野口裕之，2001，「項目応答理論とその適用―日本語能力試験の分析と日米比較調査のDIF項目検出」『計測と制御』40巻8号，pp.555-560．

野口裕之・熊谷龍一・脇田貴文・和田晃子，2007，「日本語Can-do-statementsにおけるDIF項目の検出」『日本言語テスト学会研究紀要』10, pp.106-118．

牧野成一・鎌田修・山内博之・斉藤眞理子・荻原稚佳子・伊藤とく美・池崎美代子・中島和子，2001，『ACTFL-OPI入門』アルク．．

渡辺直登・野口裕之，1999，『組織心理測定論―項目反応理論のフロンティア』白桃書房．

7章 項目反応理論による英語能力推移に関する研究の比較

熊谷　龍一

1節　はじめに

　2007年度、文部科学省による「全国学力・学習状況調査」が実施され、その調査結果も公表されている（文部科学省, 2007）。この他にも、経済協力開発機構（OECD）による生徒の学習到達度調査（PISA 2003）や、国際教育到達度評価学会（IEA）による国際数学・理科教育動向調査（TIMSS 2003）など、様々な形で学力測定調査が実施されている。そのような調査結果の中で注目されるものの1つとして、経年比較、つまり過去と比べて現在の受験者（児童・生徒）の学力がどうなっているのかが挙げられる。昨今、大きな問題として取り上げられている「学力低下」に関する議論のデータとして、これらの調査結果が引用されることも多い。

　このような学力の経年比較を目的の1つとして、米国で大々的に実施されている調査が全学学力調査（The National Assessment of Educational Progress; NAEP）である。NAEP は非営利テスト機関である Educational Testing Service; ETS）により、綿密なテスト計画のもと、実施されているものである（詳細については全米学力調査研究会（2005）を参照されたい）。NAEP 調査における大きな特徴の1つが、項目反応理論（Item Response Theory; IRT）と呼ばれるテスト理論を用いた分析が行われていることである。そこでは等化（equating）と呼ばれる共通尺度の作成が行われ、異なる版のテストを相互に比較するシステムが構築されている。

　我が国において、この等化を用いて能力・学力を測定する研究としては芝・

野口 (1982) などが挙げられるが、それ以降この分野に関する研究は活発には進んでこなかった。しかしながら、斉田(2003)、吉村他(2005)、熊谷他(2007)といった学力の経年比較に関する研究が報告されるようになってきた。これらの研究には全てIRTが利用されている（木村 2006）。これら3つの研究は奇しくも、高校生もしくは大学受験生における英語能力についての経年比較を扱ったものである。本章では、これら3つの研究について、その結果だけでなく調査方法や分析手法をふまえて比較することで、高校生および大学受験生の英語学力の推移について検討する。

2節　各研究の概要

1　斉田 (2003) の研究

概要　1995年度から2002年度まで実施された茨城県高等学校英語学力テスト(高校1年生対象)の等化を行った。テストは聴解、語彙、文法、読解の4領域からなり、全項目数は46から50である。テストの受験者数は12,234名から17,736名であった。

等化方法　等化の基準となるテスト（1999年実施テスト）と、それ以外の各年度から項目を抽出した等化用テストを作成し、各テスト400名程度が受験をした。等化係数の推定には、能力値によるMean & Sigma法(Marco 1977)を用い、項目反応モデルは2パラメタ・ロジスティック・モデルであった。

2　吉村他 (2005) の研究

概要　1990年から2004年に実施された大学入試センター試験(以下、センター試験)「英語」のテストについて等化を行った。等化対象となる受験者は、センター試験の受験者であり、40万人から55万人程度である。

等化方法　各年度のセンター試験「第2問」から6、7項目を抽出した50項目からなる等化用テストを2セット作成し、大学1年生424名が受験したデータを使用した。等化係数の推定には、能力値によるMean & Sigma法の他、野口 (1983) の方法、Shojima (2003) の方法が用いられたが、それぞれかなり近

い推定値を算出しているため、本章ではMean & Sigma法による数値のみを比較対象とする。用いられた項目反応モデルは3パラメタ・ロジスティック・モデルであった。

3　熊谷他 (2007) の研究

目的　学校法人河合塾において1995年度から2005年度の11年間に年間4回実施された英語学力テストのうち、5月、8月、12月に実施された計33セットのテストについて等化を行った。テストの内容・構成は、センター試験「英語」とほぼ同様である。各テストの受験者数は22万名から35万名程度であった。

方法　過去に実施された英語学力テスト、もしくはそれと同質、同量である他の英語学力テスト（これらをアンカーテストと呼ぶ）を、等化されるテストの前後2週間に実施し、アンカーテストと等化されるテストをどちらも受験した共通受験者を設定した。共通受験者は800名から2万名程度であった。これらの共通受験者に対し、能力推定値によるMean & Sigma法により等化係数の推定を行った。用いられた項目反応モデルは2パラメタ・ロジスティック・モデルであった。

3節　各研究の結果比較および考察

　斉田 (2003)、吉村他 (2005) および熊谷他 (2007) では、それぞれ1万人から55万人が受験した大規模な英語学力テストについて、等化による共通尺度化を試みている。その結果は、各テスト受験者集団の能力値における平均値の推移、および標準偏差の比較で示されている。それぞれの結果を以下に示す。

1　斉田 (2003) の結果

　図7-1は斉田 (2003) で示された、1995年度から2002年度において英語学力テストを受験した高校1年生の能力平均値をプロットしたものである。この

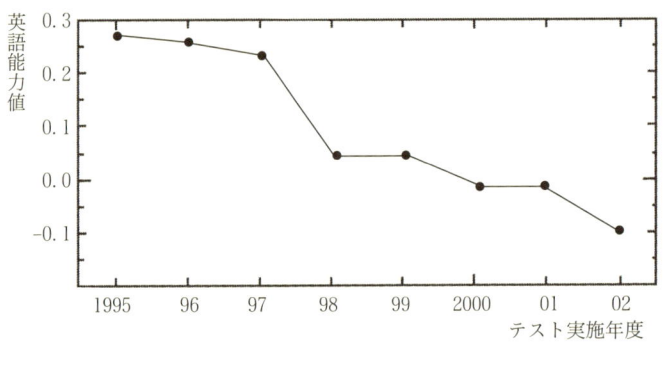

図7-1 斉田(2003)の結果

時の各年度における能力値の標準偏差は、どの年度についてもおおよそ1.0(最大値1.00、最小値0.92)となっていた。

2 吉村他(2005)の結果

吉村他(2005)についても、斉田(2003)と同様に、センター試験「英語」受験者の能力値平均を実施年度ごとにプロットしたものを図7-2に示す。標準偏差については、おおよそ1.0前後であることが報告されており、系統的な経年変化は確認されなかった。

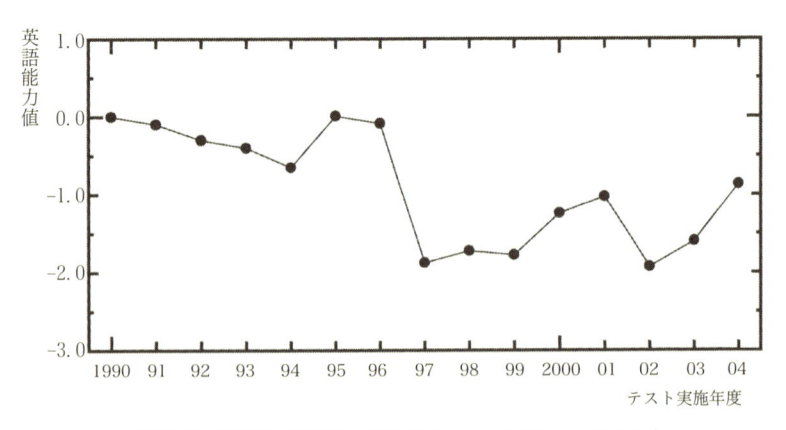

図7-2 吉村他(2005)の結果(Mean & Sigma 法のみ)

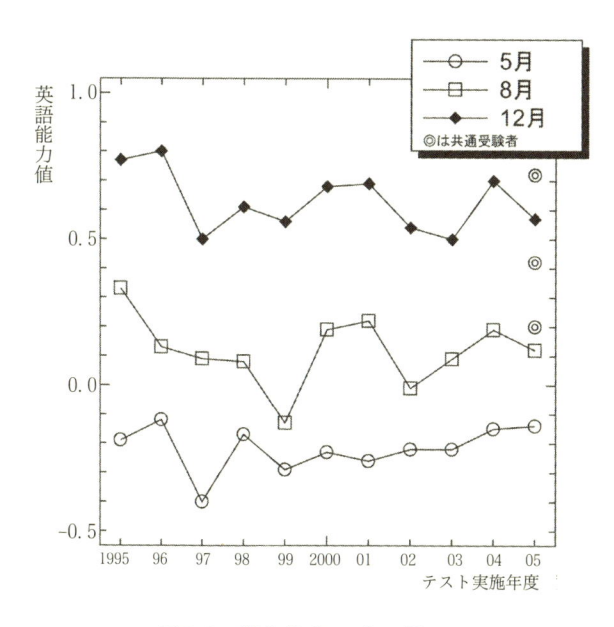

3 熊谷他 (2007) の結果

上記2つの研究と同様に、熊谷他 (2007) について大学受験生の能力値平均をプロットしたものが**図7-3**である。なお熊谷他 (2007) では、年度内に複数実施されたテストについても等化しているため、年度間のほか年度内 (5月、8月、12月) のデータも示されている。標準偏差については、どの年度・時期においてもほぼ1.00に近い値であった (最大値 1.16、最小値 0.84)。

また熊谷他 (2007) のデータについては、同一年度内で見ると、複数の実施時期のテストを受験した受験生も相当数存在する。そこで、2005年度の各時期のテストを全て受験した受験者を抽出し ($N = 104,749$)、各時期ごとに平均値を算出したところ、5月が0.20、8月が0.42、12月が0.72であった (図7-3において◎で表示)。

図7-3 熊谷他 (2007) の結果

4 結果の比較

3つの研究において、英語能力値の平均値および標準偏差の推移について比較する。比較に際して考慮しておかなければならない点としては、斉田(2003)の研究対象となっているのが茨城県の高校1年生であるのに対して、残りの研究は全国の大学受験生となっていることである。

標準偏差については、全ての研究において各集団の値は1.0から大きく変動していないという点で共通していることが確認された(項目反応理論における等化の場合、ある年度の母集団分布について平均値を0.0、標準偏差を1.0と定めることが多い)。この結果から、おおよそ1990年から2005年にかけて、高校生および大学受験生の英語能力分布の広がりに関しては、系統的に広がっている、もしくは狭まっているということはないことが示唆された。昨今、「学力低下」を議論する際の議題として「学力の多様化」が取り上げられることも多いが、量的な広がり、つまり能力分布の散らばりに関しては、そのような傾向は認められなかった。質的な広がりについては、当然、これらのデータのみからは知ることはできない。

次に平均値の推移である。平均値に関しては、3つの研究間でその数値自体を比較することはできない。それは、各研究内では等化による共通尺度化がなされているものの、研究間で共通尺度が構成されているわけではないからである。しかしながら、各研究での標準偏差がどの時期においてもおよそ1.0であったということから、平均値の変動幅をある程度比較することできる。仮に全ての集団の標準偏差が1.0だったとするならば、能力値0.1が Z 得点(偏差値)に換算すると1に相当する。したがって、例えば斉田(2003)における能力値1.0と熊谷他(2007)における1.0ではどちらの能力が高いのかを比較することはできないが、どちらの研究でも能力値が0.5減少しているならば、それは母集団に対して同程度の能力低下を示しているということになる(高校1年生の母集団と大学受験生の母集団の標準偏差が等しいことが示されているわけではないため、厳密に両者を比較できるわけではない)。

以上をふまえ能力値平均の推移を見ていくと、研究間での共通点と差異がみえてくる。はじめに斉田(2003)の研究では、能力値平均は年度ごとに低下

している。低下の度合いとしては、1995年から2002年にかけて約0.38の低下であることが報告されている。また、吉村他 (2005) においては、1990年から1996年までに比べて、1997年以降の能力が低下していることが報告された。低下の度合いとしては、1996年から1997年にかけて、能力値で約2.0 (先の偏差値換算では20) という非常に大きな低下が報告されている。

これに対して熊谷他 (2007) では、12月実施のテストで1996年から1997年にかけて0.3の減少が見られるものの、年度内の推移 (例えば2005年度において5月、8月、12月のテストを全て受験した受験者の能力値は、7か月で0.52増加) や、8月実施テストでは、1997年において顕著な減少が見られなかったことなどから、必ずしも能力値の減少傾向があるわけではないとしている。

さて、吉村他 (2005) と熊谷他 (2007) についてみてみると、どちらも大学受験生がデータとなっている。吉村他 (2005) のデータは、大学入試センター試験のものであり、テストは毎年1月中旬に行われている。また熊谷他 (2007) における12月実施部分のデータは、これから大学入試センター試験を受験しようとしている大学受験生のデータであるため、吉村他 (2005) と共通の受験者が多数存在する。そこで、熊谷他 (2007) では、両研究で共通している1995年度から2004年度の部分を抽出し (**図7-4**)、比較を行っている。図7-4から分かるとおり、平均値の変動傾向に関しては両研究で非常に一致していることが分かる。違いは先に述べたとおり、変動幅が吉村他 (2005) では非常に大きく、熊谷他 (2007) での変動幅はむしろ斉田 (2003) のものと近い。

吉村他 (2005) では、斉田 (2003) や熊谷他 (2007) では示されていない1990年から1994年の情報が示されている。そこで、図7-4のデータを利用して、吉村他 (2005) から熊谷他 (2007) へと回帰分析を行い、熊谷他 (2007) について1994年以前 (12月実施テスト分のみ) を予測したものが**図7-5**である。図7-5から、吉村他 (2005) で示された、1996年以前と1997年以後における能力値の低下が見てとれる。

これら3つの研究で共通しているものとして、ある年度での大幅な能力低下が挙げられる。斉田 (2003) では1997年から1998年にかけて、吉村他 (2005) および熊谷他 (2007) では1996年から1997年にかけて、能力値が相対的に大

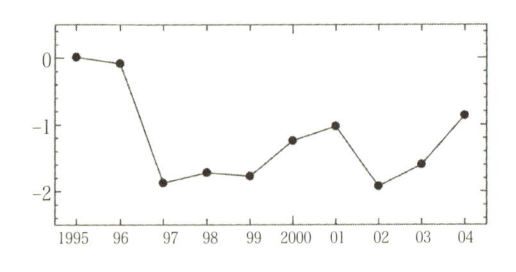

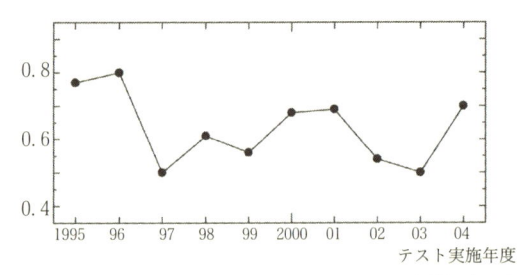

上段：吉村他（2005）
下段：熊谷他（2007）

図7-4　共通受験者による2つの研究結果の比較

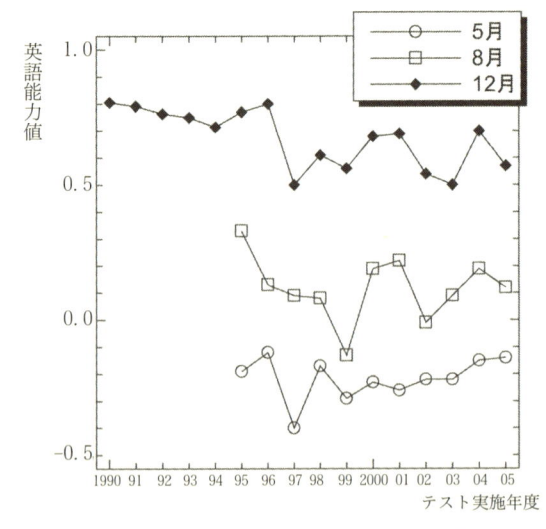

図7-5　熊谷他（2007）の結果に対する回帰予測

きく低下しているのである。斉田 (2003)、吉村他 (2005) では、その理由の1つとして、学習指導要領の改訂を挙げている。どちらの研究においても、中学校・もしくは高等学校において指導要領改訂後に学習した受験者で、この能力の大幅低下が起きていることを述べており、それは熊谷他 (2007) のデータについても同様のことがいえる。

4節 最後に

　本章では、高校生および大学受験生の英語能力の推移を取り扱った3つの研究の比較を行った。このような比較ができたのは、それぞれの研究において等化という手続きを利用して、複数年度・時期のテスト結果を相互に比較できるように研究計画がなされたからである。これまで我が国においても膨大な数のテストが実施されてきた。しかしながら、そのテスト結果を相互に比較するということはほとんどなされてこなかった。今回取り上げた3つの研究は、すべて項目反応理論を用いた等化という手続きにより、そのことを成し遂げたものである。3つの研究はそれぞれが追試研究を目的としたものではないため、たとえば対象学年や、等化計画法など異なる面もいくつか見られる。しかしながら、高校生（もしくは大学受験生）の英語能力を測定することを目的としたテストの経年比較に関して、このように複数の研究者が取り組み、成果を公表することで、英語能力に関して重要な情報が得られたことは間違いない。このような経年比較の研究は、十分に洗練された計画性と大量のデータの蓄積が必要となる。非常に困難ではあるが、英語に限らずその他の教科・能力についても同様の研究がなされることが期待される。

　経年比較データを考察する際、その結果の解釈には十分注意しなければならない。斉田 (2003)、吉村他 (2005)、熊谷他 (2007) のそれぞれで注記されているが、「そもそも学力とは何なのか」「このテストが測定しているものは何なのか」を無視してデータだけの解釈をしてはならない。例えば本章で取り上げた3つの研究は、どれも「話す能力」などを直接には測定していない。しかしながら、学校現場では当然「話す能力」の学習も行われている。「英語

学力」といった場合に、「話す能力」を全く含めないと結論づけることができないのは明白なことである。したがって、今回の3つの研究結果だけを見てすぐに「英語学力の低下」と結び付けることはできないのである。すでに述べたが、本章で取り上げた以外にも様々な学力・能力に関するデータを蓄積することで、「学力の経年変化」に関する議論を進めていく必要があるだろう。

文献

Marco, G. L., 1977, "Item characteristic curve solutions to three intractable testing problems", *Journal of Educational Measurement*, 14, pp.139-160.

Shojima, K., 2003, "Linking tests under the continuous response model", *Behaviormetrika*, 30, pp. 155-171.

木村拓也, 2006, 「何故, 日本の学力調査には科学的測定論が根付かなかったのか？―戦後日本で実施された全国学力調査の変遷と『テストの専門家』養成能力の実態」『日本テスト学会第4回大会発表論文抄録集』pp.90-93.

熊谷龍一・山口大輔・小林万里子・別府正彦・脇田貴文・野口裕之, 2007, 「大規模英語学力テストにおける年度間・年度内比較」『日本テスト学会誌』3, pp.83-90.

斉田智里, 2003, 「高校入学時の英語能力値の年次推移―項目応答理論を用いた県規模英語学力テストの共通尺度化」第15回英検研究助成報告, 日本英語検定協会, pp.12-24.

芝祐順・野口裕之, 1982, 「語彙理解力尺度の研究―追跡データによる等化」『東京大学教育学部紀要』22, pp.31-42.

全米学力調査研究会編, 2005, 『全米学力調査（NAEP）の研究』.

野口裕之, 1983, 「被験者の推定尺度値を利用した潜在特性尺度の等化方法」『教育心理学研究』31, pp.233-238.

文部科学省, 2007, 「全国的な学力調査について」http://www.mext.go.jp/a menu/shotou/gakuryoku-chousa/index.htm（最終日2007年7月27日閲覧）.

吉村宰・荘島宏二郎・杉野直樹・野澤健・清水裕子・齋藤栄二・根岸雅史・岡部純子・サイモンフレイザー, 2005, 「大学入試センター試験既出問題を利用した共通受験者計画による英語学力の経年変化の調査」『日本テスト学会誌』1, pp.51-58.

8章 高等教育の質保証の方法論としての教授システム学
―― IM・ID 理論による大学院教育の実質化と学士課程教育の構築

大森　不二雄

　高等教育の質保証というと、政府による規制や評価機関による大学評価、並びにこれらのルールや基準に対する大学側のコンプライアンスを思い浮かべるのが通常であろう。しかし、こうした外部質保証にまさるとも劣らず重要なものは、大学自身が取り組むべき教育改善のための内部質保証である。しかし、多くの大学は、そのための方法論を持ちあわせていない。本章の目的は、こうした現状をふまえ、新たな視点からの質保証へのアプローチを提唱することである。

　本章は、まず1節において、日本の大学評価制度から浮かび上がる、そしておそらくは多くの国々の評価制度についても当てはまるであろう、高等教育の評価という営為そのものに関するファンダメンタルな疑問、若しくは課題について試論を提示する。すなわち、評価の目的および対象のあいまい性並びに「形式」要件の視点からの教育の質保証の問題点について論じる。これを受けて、2節は、「インストラクショナル・マネジメント」(IM) および「インストラクショナル・デザイン (ID)」の理論を紹介し、「形式」ではなく「内容」に焦点化して質保証を図る上で有効なシステム的アプローチであることを明らかにする。そして、3節において、筆者の参画する熊本大学大学院社会文化科学研究科教授システム学専攻の教育研究領域「教授システム学」の構成分野である IM および ID が、「大学院教育の実質化」の取り組みにおいてすでに有効性を発揮していることを解説した後、4節では、「学士課程教育の構築」に取り組むための具体的方法論としての可能性を持つことを論じる。中央教育審議会答申等によって全国の国公私立大学が対応を求められて

いる、大学院教育の実質化および学士課程教育の構築は、突き詰めると、高等教育の内部質保証という課題に他ならない。これらの教育改革の基本的考え方とIMおよびIDの両理論が相似形をなしていることを明らかにする。

1節　高等教育の評価と質保証をめぐるファンダメンタルな課題

1　目的も対象もあいまいな評価の時代

　日本のみならず世界の高等教育は、挙げて評価の時代を迎えている。ところが、以下に述べるように、「何のために」「何を」評価するのかという根本問題があやふやなままなのである。国境を越えて高等教育の提供が行われるようになってきたのに伴い、大学評価も国境を越える状況が出現している。「評価」という営為の普及は、言うまでもなく、高等教育に限った現象ではない。日本の初等中等教育においても、学校の自己点検・評価の努力義務化に続き、新たな学校評価システムの構築が政策の俎上に上っている。また、企業社会においては、一足先に成果主義・目標管理等の形で評価が猛威を振るっている。世は挙げて評価の時代である。高等教育であれ、他の領域であれ、ファンダメンタルな部分をあいまいにしたまま評価にあまりに多くを期待すれば、評価システムはナンセンスなモンスターと化すのではないか。

　「評価」という営為については、「何のために（評価目的）」「何を（評価対象）」「誰が（評価主体）」「どのように（評価方法・基準）」評価を行うのか、ということがまず問われるべきことは言うまでもない。ところが、日本の高等教育評価をめぐる動向を見る限り、関係者の努力は主として「誰が（評価機関）」と「どのように（評価方法・基準）」といういわばテクニカルな部分に傾注されてきており、そもそも「何のために（評価目的）」「何を（評価対象）」という評価の本質にかかわる部分が十分に明確化されてきたとは言い難い。そのことが、公的な評価機関による大学評価を国民にとって極めて分かりにくいものとし、また、大学関係者等の不安や負担感の大きさにかなり影響しているものと思われる。

　以下、「何のために（評価目的）」と「何を（評価対象）」のそれぞれについて、日本の認証評価制度を例に取って具体的に分析していきたい（大森2006）。

2 何のために評価を行うのか（評価目的）

　日本の国公私立の全大学を対象とする認証評価制度を定める学校教育法第69条の3第2項は、認証評価の目的を直接明示的には定めていない。同条第1項に定める自己点検・評価の目的、すなわち、「教育研究水準の向上に資するため」と同一であると解釈されよう。同制度導入の基になった中央教育審議会答申（2002（平成14）年8月5日）は、「教育研究の質の維持向上を図っていく」ことを制度導入の目的として述べている。

　しかし、研究水準はともかくとして、認証評価の中心となる教育の水準または質とは何かという点では、多くの議論があることはいうまでもない。このことは、「何を評価するのか（評価対象）」という問題に帰結するので、この点については次の第3項で後述する。

　ここで着目すべき論点は、評価の目的が、大学が自己改善を図るための「形成的（formative）」評価なのか、それとも評価結果に基づいて学外からの何らかの賞罰につながる「総括的（summative）」評価なのかである。換言すれば、大学の教育水準に関する情報を大学自身に提供し、大学の自己改善プロセス（授業改善・FD等）に役立てようとするものなのか、大学の教育水準に関する情報を政府や社会に提供し、政府による権力作用またはファンディングを通じて、あるいは市場における選択を通じ、アカウンタビリティを問うことによって、いわば外圧によって大学に改善を迫るものなのか、という点である。この点について、学校教育法第69条の3第4項に基づき、認証評価機関は、評価結果を大学に通知するとともに、公表し、かつ文部科学大臣に報告することとされており、また、中教審答申は、評価結果を「社会に向けて明らかにすることにより、社会による評価を受けるとともに、評価結果を踏まえて大学が自ら改善を図ることを促す制度」と述べている通り、自己改善とアカウンタビリティの両方を企図していることが分かる。実際にも両方の目的を有するものとして制度が運用されている。

　日本に限らず多くの国々において、単一の大学評価制度がこれら両方の目的を持たされているのが現実である。だからと言って、それが合理的とは限

らない。自己改善のための形成的評価とアカウンタビリティのための総括的評価とでは、被評価者（大学）に与えるインセンティブが根本的に相反するからである。認証評価においては、大学の自己評価結果の分析が使用されるが、形成的な評価目的からすれば、自己評価において重要な問題点を洗い出して改善に活かすことが大学自身にとって望ましいことは言うまでもない。しかし、総括的な評価目的からすれば、熱心に自らの問題点を洗い出して正直に明示することは合理的行動とは言い難い。自己をよく見せようとするインセンティブと、問題点の把握に努めている姿勢を示すインセンティブとの微妙なバランス、あるいは率直に言えば、本音は前者、後者はポーズ、ということになると考えるのが合理的である。

こうした相矛盾するインセンティブの下では、自己改善およびアカウンタビリティいずれのメカニズムも中途半端で効果的に機能することが難しく、結果として教育水準の向上への道筋も不明瞭になると考えるのが自然である。こうした重大な矛盾を正当化できる唯一の論拠は、形成的評価と総括的評価のそれぞれの目的ごとに別々の評価制度を設ければ、評価機関や大学の負担は耐えられない大きさとなるのではないかということになろう。しかし、これは、いずれかまたは両方の評価の方法・基準等を業務量的にも財政的にも負担の軽い簡素なものとするという具体的設計によって理論的には克服し得るはずのものであり、原理的に解決不能な問題というわけではない。

3　何を評価するのか（評価対象）

認証評価において「何を評価するのか」という問いは、認証評価制度が向上させることを目的とする「教育の水準または質とは何か」という問いにほかならない。それは、フンボルト型の研究大学の理念が前提としたような学術的水準、換言すれば、学生に求める、あるいは学生が達成するアカデミックな学力水準なのか。それとも、現代的なサービス提供機関としての大学のサービスの質、もっと分かりやすく言えば、学生等へのサービスが良心的できめ細かなものかどうかをチェックするものなのか。産業界の「品質管理（quality control）」「品質保証（quality assurance）」の強い影響下に形成された高等

教育の「質保証 (quality assurance)」の概念は、後者 (サービスの質) を基本とし、前者 (学術的水準) をあいまいな形で含んだものと言えよう。一般国民が「評価」という言葉から連想するイメージは、偏差値による序列のような大学間比較を可能にするものであるが、公的な評価機関による大学評価はそのようなものではない。そのギャップを埋めているのが、評価結果を「分かりやすく」伝えるマスメディアの報道とメディア自身による大学評価やランキングである。

　学術的水準あるいは学力水準があいまいなものとなる原因は2つある。1つには、大学ごとにミッションが異なる、すなわち、どのような学生を受け入れてどのような人材に育て上げるかという人材養成目的が異なることであり、平たく言えば、大学によって入学者の学力が多様であるということである。入学者の学力が多様であるとしても、在学中の学力水準の向上、すなわち付加価値を測定することは原理的には可能なはずである。現に、例えば英国の初等中等教育では、全国共通テストや公的試験制度によって、そうした学力の付加価値の測定が行われている。しかし、高等教育の場合、英国にしろ日本にしろ、初等中等教育の場合と異なり、当然のことながら、全国共通カリキュラムやそれに基づくテスト・試験はほとんどの専攻分野において存在しない。これが2つ目の原因である。それどころか、同一大学内の同一科目名であっても、担当教員が異なればカバーされる内容も異なり、成績評価の方法・基準も異なるということがままあるのが現実である。

　また、今日、「社会人基礎力」「コンピテンシー」「ジェネリックスキル」など汎用的な知力や対人能力が経済社会で重視される中、多くの学生、とりわけ文科系の学生にとって、大学教育において最優先で身に付けるべき能力がアカデミックな学力であるかどうかはすでに自明のことではなくなっている。こうした話題はマス化やユニバーサル化の文脈で語られようが、例えば東大生や京大生にとっても無縁の問題とは思えない。「教育の質とは何か」「何を評価するのか」という問いは、知識社会において我が世の春を謳歌するどころか、かえって知の独占が崩れ、アカウンタビリティを問われる大学の存在意義と存続能力そのものにかかわるイシューなのである。こうして、大学評価の評価対象は、ますますあいまい模糊としたものとなる。

例えば、認証評価機関の1つである独立行政法人大学評価・学位授与機構の「大学評価基準（機関別認証評価）」（2004（平成16）年10月（2008（平成20）年2月改訂））を見ると、大学の目的、教育研究組織（実施体制）、教員および教育支援者、学生の受入、教育内容および方法、教育の成果、学生支援等、施設・設備、教育の質の向上および改善のためのシステム、財務、管理運営、という11の評価基準が設定され、各基準は細かな評価の観点にブレイクダウンされている。全体として教育サービスの質を担保すると想定される資源・環境・組織・メカニズムの存否・適否を問うものがほとんどを占めると言えよう。日本のみならず世界の大学評価、とりわけ機関別評価の動向を見た場合、どのような学力水準の学生を対象とする、どのような教育内容についても共通すると想定される、様々な「形式」要件について、漏れなく整備されているかどうかを問うものが多い。換言すれば、教える中身や身に付けさせる知識技能等の「内容」自体を正面から問うものではない。

しかし、それだけで本当に教育の質を保証できるのか。大学教育・大学院教育プログラム（学位課程）は、人材養成目的に対応して体系づけられたカリキュラムと教授法を備えることが期待されるが、そのためには、そもそも当該プログラムがどのような分野での活躍を想定し、どのような能力（知識技能）を身に付けさせようとするものか、という「内容」抜きに語れないはずである。どういう場で何ができる人材に育成するために、どのような能力を身に付けさせるか、すなわち、知識技能の「内容」とその目的適合性こそ、教育の質の魂ではなかろうか。「内容」抜きに、「施設設備も、教員も、カリキュラムも、学習支援の仕組みも整備されています。したがって、教育の質は保証されています」と「形式」要件に関するコンプライアンスを並べたてたところで、「仏作って魂入れず」であろう。質保証のための「形式」要件が無駄だと言っているのではない。まずは「内容」を先に考えるべきであって、順番が逆だと言いたいのである。

2節　IM・ID理論による高等教育の質保証

　本2節では、1節を受けて、「形式」の前に「内容」に焦点を当てて教育の質の保証を図る、「インストラクショナル・マネジメント」(IM)および「インストラクショナル・デザイン」(ID)について論じる。

1　「形式」の前に「内容」に焦点を当てる質保証アプローチ

　まずは、高等教育の質保証の視点から、「やってはいけない」ことについて述べたい。例えば、学士課程教育について、中教審答申や大学設置基準に対応して、学内規則等においてディプロマ、カリキュラム、アドミッションの各ポリシーを個別に策定して事足れりとしてはいけない。しかし、多くの大学における現実は、このような状況に近いのではなかろうか。率直に言えば、規則改正作業、作文作業という、ルーチン的な実務に落とし込む、ということに他ならない。これには、1節で前述した、数多くの評価項目で入口・過程・出口を別個に評価していく大学評価のピースミール・アプローチ（細切れのものを継ぎはぎしていくやり方）の影響もあろう。すなわち、内容の如何を問わない、「形式」要件の視点からの質保証へのアプローチである。

　これに対し、「内容」の視点からの質保証へのアプローチとはどのようなものか。それは、学位プログラムの入口（対象となる学生層）、過程（知識技能、教授・学習法）、出口（労働市場等）の「内容」が、首尾一貫したロジックで「統合」されることを要求するものである（Ohmori 2007）。

　プログラムの目標・プロセス・成果を統合する「戦略ポリシー」としての「人材養成目的」、これが起点とならなければならない。教育の質保証の全てはそこから始まる。入口としてどこの誰を対象とし、出口としてどのような職務・役割を担う人材に育成するため、どのような能力を形成すべく、どのような内容・方法の教育を行うか、という首尾一貫したロジックで統合された「筋の良い」プログラムを構築するのである。そうすれば、質保証のための「形式」要件も実質的に機能し、万事首尾よく展開していく可能性がある。統合された教育プログラムとして、入口と出口をにらんだ人材養成目的に対

応して体系づけられたカリキュラムと教授法を備えることが期待されるのである。

それに対し、入口・過程・出口の統合性を欠いたままでは、「アドミッション・ポリシーを作成しました」「授業改善のためのFD活動を実施しています」「キャリア支援に力を入れています」「PDCAサイクルを回しています」と「形式」面に関するばらばらの取り組みを並べても、果たして全体としての教育の質、トータル・クオリティが保証されているのか、はなはだ疑問である。教育の目標・プロセス・成果およびこれらの相互連関があいまいで、どのような人材需要に対応して、どのような能力を、どのようなカリキュラムと教授法で身に付けさせようとするのか、という「内容」面に関する基本コンセプトが不明瞭な「筋の悪い」プログラムでは、学習者のモチベーションを保持することも、教育者のモラールを高めることも望み薄である。これは、率直に言って、残念ながら日本の多くの大学の多くの学部等に当てはまる現状ではなかろうか。人材需要に対応したプログラムの構築、そのために必要な人材養成目的の明確化と、カリキュラムの体系化等の課題に正面から取り組んできた大学は、そう多くないように思われる。

2 戦略経営と質保証の統合

こうした課題の克服に立ちはだかるのが、自己変革を可能とする戦略的経営の不在である。人材需要に対応した教育プログラムを構築するには、人材養成目的の明確化やカリキュラムの体系化について、教職員の共通理解に基づく組織的取り組みが必要になるとともに、資源配分・人員配置・教職員の役割構造等の一体的見直しが不可欠であるが、日本の大学の多くは、こうした課題に正面から取り組む経営の意思とメカニズムを欠くのが通例である。経営陣はともかく、教員の中には、上述のような「経営」不在は「教育」にとって悪いことではない、と思われる向きもあるかもしれない。だが、それは間違いである。「戦略的経営」の不在は、「組織的質保証」の不在と相似形をなし、両者は密接に結び付いている。

形式的ではなく、実質的な質保証を可能とする人材需要に対応したプログ

ラムの構築および運営は、人的・物的・財政的資源の再配置と教職員個々人の役割の再定義を伴い、それは戦略的経営があってこそ可能となる。限りある資源の中で教育の質を保証するには、カリキュラム・教授法、教員組織や支援スタッフ、物的・財政的資源など、プログラムの構成要素を人材養成目的の実現に向けて焦点化し、戦略的に統合する必要がある。教育の質保証の実質化を可能とするのは戦略的経営であり、組織的質保証と戦略的経営は一体のもの、同一の営為の2つの断面と捉えるべきである。すなわち、「戦略経営」と「質保証」は不可分である。

3 インストラクショナル・マネジメント (IM) とは何か

上述の「内容」への焦点化によって戦略経営と質保証を統合したシステム的アプローチこそ、これから紹介する「インストラクショナル・マネジメント」(IM) の真髄である。筆者が提唱する IM は、大学院教育の実質化や学士課程教育の構築のための方法論として幅広い適用可能性を持つ。IM とは何か。筆者もその一員である熊本大学大学院社会文化科学研究科教授システム学専攻においては、高等教育のみならず、企業内教育等を含む教育全般に適応される概念であるが、以下の論稿では高等教育の文脈に即して論じることとする。

IM とは、人材需要に応える質の高い大学教育・大学院教育を効果的・効率的に実施するために、学位課程（学位プログラム）の目標・プロセス・成果を統合する教育経営へのシステム的アプローチである。その本質は、当該課程（○○大学△△学部××学科）について、入口としてどこの誰を対象とし、出口としてどのような職務・役割を担う人材に育成するため、どのような能力を形成すべく、どのような内容・方法の教育を行うか、という論理的に首尾一貫した全体像を「見える化」し、それに必要な資源・人員を投入・配置することによって、教育活動を組織化することにある。換言すれば、人材養成目的を達成できる学位プログラムの開発・実施・改善のための体系的・組織的な方法論であり、「カリキュラム論」のみならず「教育組織論」等を内包する「教育プログラム論」である。

教育の目標・プロセス・成果を統合し、入口・過程・出口を一体的に捉える点において、後述する「インストラクショナル・デザイン」(ID) と相似形をなしているが、IDが基本的にコース（科目）レベルのアプローチであるのに対し、IMはプログラム（課程）レベルであるという、ミクロとマクロの違いがある。IMおよびIDの両理論は、システム的アプローチによって教育の質の保証を図る点において、近年の大学改革において謳われる、大学院教育の実質化や学士課程教育の構築に通じるものを持っている。

4 インストラクショナル・デザイン (ID) とは何か

さて、IDとは何か。ID理論は、昨今、eラーニングを支える教育理論として急速に注目を集めているが、元来は教育一般に対する学問領域であり、本質的には学習効果の高い教授法をシステム論的に設計するための理論である。ID理論は、教育のプロセスを入出力とフィードバックを持つシステムとして捉え、いかに効率よく教育効果の高いシステムが構築できるかを科学的に究明する、システム的なアプローチをとるものである。その代表的なモデルは、分析(Analysis)、設計(Design)、開発(Development)、実施(Implementation)、

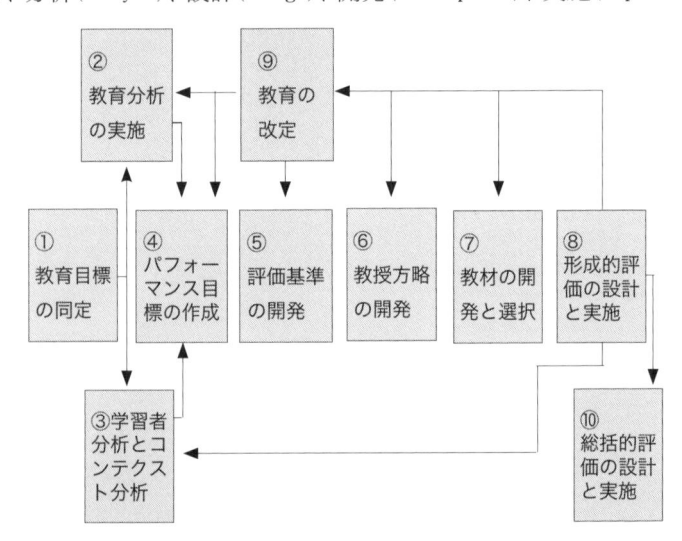

図8-1　ディックとケアリーのIDモデル

評価（Evaluation）の5段階からなり、頭文字を取ってADDIE（アディー）モデルと呼ばれる。多くのIDモデルは、このADDIEモデルの発展形であり、有名なディックとケアリーのモデル（図8-1）は、IDの流れを以下の10のステップに分けている（Dick, Carey & Carey 2001）。

【ディックとケアリーのIDモデル】
① 教育目標の同定
　　当該教育の修了後に学習者は何ができるようになっているかを定義する。
② 教育分析の実施
　　教育目標を達成するために学習者が行うことを分析し、学習開始前に必要となる前提知識・スキル・態度を決定する。
③ 学習者分析とコンテクスト分析
　　学習者の現在のスキル・好み・態度、学習者がスキルを学ぶ状況、学習者が学んだスキルを使う状況を分析する。
④ パフォーマンス目標の作成
　　教育修了後に学習者ができるようになることを具体的に記述する。これは、上記②③を経て、上記①を具体化したものと言える。
⑤ 評価基準の開発
　　パフォーマンス目標に基づき、目標を達成する能力を測定するための評価を開発する。
⑥ 教授方略の開発
　　以上の5つのステップから得られる情報に基づき、目標達成のための教授方略を同定する。教育実施前の活動、教育内容の提供、学習者の参加、テスト、フォローアップ活動などが含まれる。
⑦ 教材の開発と選択
　　教授方略を使って、実際に教育を行うため、新しい教材を開発ないし既存の教材の中から選択する。ここでいう教材は、広義のもので、印刷教材のみならず、マルチメディア教材やウェブページ等あらゆる形態の

ものを含む。
⑧ 形成的評価の設計と実施
　以上により教育の案を作成した後、実際に教材を使ってもらうなどして、教育を改善するためのデータを得る目的での評価を行う。
⑨ 教育の改定
　形成的評価のデータを使って、学習者が目標を達成する上で経験した困難を特定し、その困難を教育の欠陥に関連づける。これに基づき、教育を見直し、改定する。見直し・改定の対象は、教材や教授方略にとどまらず、パフォーマンス目標や評価基準にまで及び得る。
⑩ 総括的評価の設計と実施
　教育の実施後に行われる、教育の効果に対する総合的な評価であり、当該教育の絶対的または相対的な価値を評価するものである。通常は独立した評価担当者が関与する。

　以上のIDモデルから、入口（教育前の能力等）としてどのような学習者に、出口（教育目標とその達成度としての教育成果）として何ができるようになるか、出入口をまず考えてから、真ん中に当たる教育内容・方法を考える、という手順が基本であることが分かる。換言すれば、教師が教えたいことよりも、学習者が学ばなければならないことからの発想とも言える。「出入口の明確化はシステム的アプローチで最も重要視されること」（鈴木 2002）である。

3節　大学院教育の実質化の取り組みを通じた IM の形成と ID との出会い

　本3節では、筆者の勤務校における大学院改革への取り組みとその過程でのIM理論の形成およびIDとの出会いについて述べる。これにより、2節で紹介したIMおよびIDの両理論がいかなるものかを、より具体的に明らかにしていきたい。そうした教育マネジメントの実践においてこそ、IMおよびIDの含意がリアリティーを持って理解しやすくなると考えるからである。

1 教育の目標・プロセス・成果を統合する教育プログラム論

　人材需要に応える質の高い大学教育・大学院教育を効果的に実施するには、学位課程（教育プログラム）の目標・プロセス・成果を統合する教育経営へのシステム的アプローチが不可欠である。その本質は、当該課程（○○大学△△学部××学科）について、入口としてどこの誰を対象とし、出口としてどのような職務・役割を担う人材に育成するため、どのような能力を形成すべく、どのような内容・方法の教育を行うか、という論理的に首尾一貫した全体像、すなわちトータルな「人材養成目的」を可能な限り「見える化」することである。そして、それに必要な資源・人員を投入・配置し、教育活動を組織化することが必要である。

　筆者がこうした教育プログラム開発論の考え方にたどり着いたのは、勤務校である熊本大学において平成20年度に実施された文系大学院再編の構想・計画に参画し、同志とともに全専攻（様々な学問分野）において明確な人材養成目的を有する「専門職コース」と「研究コース」を明示的に分節化することにより、可能な限り上述の考え方の実現を図ろうとした過程においてであった（大森 2007）。

　学士課程の場合は、大学院に比べると、人材養成目的が幅広くなる場合が多いが、基本的な考え方に違いはない。ジェネラリスト（あるいはスペシャリストの卵）の育成を目指すのであれば、涵養すべき汎用的・基礎的スキルに応じた確固たるシステム的アプローチによって目標・プロセス・成果を統合することが不可欠である。

　教育プログラムの目標・プロセス・成果を統合する「戦略ポリシー」としての「人材養成目的」、これが起点とならなければならない。教育の質保証の全てはそこから始まる。ディプロマ、カリキュラム、アドミッションの各ポリシー、それぞれを個別に策定した後に結合を図るなど、もっての他である。しかし、現実に多くの大学で行われていることは、このようなピースミール・アプローチではなかろうか。これには、数多くの評価項目で入口・過程・出口を別個に評価していく大学評価のピースミール・アプローチも影響してい

る。

　上述の教育プログラム論、すなわち、大学教育・大学院教育の目標・プロセス・成果を統合し、入口・過程・出口を一体的に捉えるシステム的アプローチは、後述するID理論と相似形をなす。その後、ID理論との出会いを経て、その影響も受けながら、IM理論として展開されてきた。それは、教育プログラム論であると同時に、戦略経営と質保証の統合による教育マネジメント論でもある。

2　インストラクショナル・デザイン (ID) との出会い

　アメリカを中心として、IT（情報技術）を活用した教育すなわちeラーニングの開発に威力を発揮してきている「インストラクショナル・デザイン (ID)」は、元来、eラーニングが生まれる以前から発展してきた教育一般に適用可能なシステム的アプローチであり、教育の効果・効率・魅力を高める方法論である。

　ここで、勤務校における取り組みに話を戻したい。文系大学院再編に関する初期構想段階（2004～2005（平成16～17）年度）と時をほぼ同じくして、熊本大学のeラーニング戦略が急展開を遂げることになった。きっかけは2つあった。1つは、情報基礎教育やICT活用教育を推進している同僚のIT担当教員らから教育・学生担当理事や筆者ら教育担当側に対し、全学的なeラーニング支援組織作りの提案があったことである。もう1つは、学長の指示により、筆者を含む学長特別補佐グループにおいて、大学院の東京進出の可能性を検討したことである。両方の動きの接点にあった筆者は、リサーチの結果、インストラクショナル・デザイン(ID)をコアスキルとするeラーニング・プロフェッショナルの養成を人材養成目的とする大学院は、まだ日本に存在せず、これなら、我が国に潜在する需要を顕在化し成功するのではないかと考えた。学内の同志による議論を経て、先行きの見えないまま支援組織を設置するよりも、現実的なインパクトの明確な、大学院設置を先行させる方針で進めることになった。

　以後は、学長・理事等による意思決定と全学的な協力体制により、短期間

のうちに構想・計画から文部科学省への設置認可申請、設置準備へと進んだ。こうして、2006 (平成18) 年4月、eラーニングの専門家を養成する日本初の大学院「教授システム学専攻」がスタートしたのである。ちなみに全学的な支援組織の方は、eラーニング推進機構として2007 (平成19) 年度に実現している。

　北米のアメリカ合衆国やカナダ、アジアでは韓国やシンガポールをはじめ、eラーニング先進国と評価される国々においては、教育の効果・効率・魅力を高める方法論としてのIDの普及がeラーニングの量的・質的向上に大きく寄与してきたと言われる。そして、それらの国々、特にアメリカでは、大学院教育において、IDとITを組み合わせ、さらにはこれにマネジメント等を加えたカリキュラムによるeラーニング・プロフェッショナル (専門家) の養成が行われ、輩出された人材が産業界の教育訓練や高等教育等におけるeラーニングの発展に貢献してきている。

　ところが、日本の大学では、eラーニングといえば一部教員の個人的な努力による試行錯誤の実践に頼るのみで、教育効果の高いeラーニングの実施に必要なIDをはじめとする体系的な知識技能を身に付けたeラーニング専門家はほとんど存在しなかった。企業内教育においても、学問的な裏づけが求められている点では大学と状況は似ている。しかし、今日に至るまで、そうした専門家の養成が大学院教育として組織的に実施されてこなかった。熊本大学では、情報技術 (IT) に関する人的・物的基盤の充実を図り、全学部・全学生を対象とする情報基礎教育、コンピュータを活用した英語学習、工学教育等においてeラーニングを活用し、一定の成果を上げてきたと自負していたが、やはり体系的な知見を欠いた、実践による試行錯誤の繰り返しの中で進めてきたのが実情であった。そうした試行錯誤の産物として、IDに近い教育方法論に行き着いていたことに気づいたのである。

　我々はIDを知り、IDが熊本大学のみならず日本の人材養成にとって、大きな可能性を持つと確信した。そして、日本では数少ないIDの専門家、すなわち、ID発祥の地とされるフロリダ州立大学で博士号 (教授システム学) を取得した者および企業内教育でIDの実践を続けてきた者を新たに仲間とし

て迎え入れた。この ID を中核とし、IT、さらには分業の進んだ米国等と異なる日本の実情に即して、知的財産権 (IP) や、インストラクショナル・マネジメント (IM) を加え、これら「4つのI」を総合した教育研究領域として「教授システム学」を構成し、文理融合型の教員組織を整備した。教授システム学を体系的に修得した e ラーニング専門家を養成し、産業界や教育界等に送り出すための大学院教育の用意を整えたわけである。

3　ID と IM の関係

ID 理論は、大学教育・大学院教育の目標・プロセス・成果を統合し、入口・過程・出口を一体的に捉える、教育プログラム論と相似形をなしていることが分かる。そして、既述したように教育プログラム論は、組織論や資源配分論を伴う教育マネジメント論でもあり、教授システム学を構成する「4つのI」の1つである IM 理論として展開されることになった。

ID 理論が基本的にコース (科目) レベルのアプローチであるのに対し、IM 理論はプログラム (課程) レベルという、ミクロとマクロの違いがある。プログラムレベルでは、カリキュラム論のみならず、組織論や資源配分論が不可欠となる。両理論は、近年の大学改革において謳われる大学院教育の実質化や学士課程教育の構築に通じるものを持っている。

4　教授システム学と大学院教育の実質化

教授システム学専攻における大学院教育の実質化の取り組みについて述べる。同専攻は、修了者が備えるべき職務遂行能力 (コンピテンシー) をウェブ上で公表し、教育目標の達成責任を内外に明らかにした。体系的な教育課程の編成に向けて、各科目の先修要件を定めるとともに、各科目の単位取得条件となる課題群を職務遂行能力と直接的関連を持たせて設定するなど、自らの教育課程編成に ID の手法を活用している。いわば出口 (修了者像) からさかのぼって課程全体を体系的に設計したのである。職務遂行能力や教育内容の設定に当たっては、e ラーニング業界の求める人材を輩出するため、特定非営利活動法人日本イーラーニングコンソシアムと連携し、同コンソシアム

の「eラーニングプロフェッショナル資格認定制度」と連携し、本専攻修了と同時に同資格をも取得できるようにしている。教育の質保証のため、教員・授業補助者・教材作成者が一堂に会し、教育内容の相互点検等を行うレビュー会を定例化するとともに、集団的討議に基づくガイドラインに沿ったシラバス、明確な成績評価基準等を実現し、FDおよび自己点検・評価のメカニズムを教育実施体制の中に内蔵している。

　以上の通り、本専攻は、IDの知見を専攻自身の組織的・体系的な取り組みに応用して、大学院教育の実質化を目指している。本専攻は、人材需要に対応した明確な人材養成目的、目的に即した体系的カリキュラム、組織的な教育の取り組み、産学連携等により、教育プログラム総体として教育の実質化と質保証を図っている点において、本学の人文社会系大学院改革の先行モデルケースとみなされている。こうして、教授システム学専攻の設置は、先に構想の始まった文系大学院再編を追い越し、その先行ケースとなったのである。また、同再編における人材養成目的を起点として教育プログラムの目標・プロセス・成果を統合するシステム的アプローチに対し、理論的根拠を与えることにもなった。

　教授システム学専攻は、2007（平成19）年度末に修士課程の第1期生を送り出し、20年度には博士課程も設置されている。在学者アンケートや修了者が備えるべきコンピテンシーの充足度に関する自己評価等に基づく、修士課程の2年間の教育成果の検証によれば、同専攻が意図した人材養成目的の明確さ、教育課程の組織的編成、成績評価基準の明示などの大学院教育の実質化の方向性が、学生に伝わり、評価されていることが分かっている。

　同専攻の場合、教育プログラムの入口（対象となる学生層）、過程（知識技能、教授・学習法）、出口（労働市場等）が、プログラムの人材養成「目的」に適合し、首尾一貫したロジックで「統合」されている（Ohmori 2007）。これは、中央教育審議会答申「新時代の大学院教育」（2005（平成17）年9月5日）（以下、「大学院答申」という）およびこれに基づく大学院設置基準改正において示された大学院教育の実質化の方向性を体現したもの、と言えよう。

4節　学士課程教育の構築と教授システム学

1　中教審答申「学士課程教育の構築に向けて」のシステム的アプローチ

　中央教育審議会答申「学士課程教育の構築に向けて」(2008 (平成20) 年12月24日)(以下、「学士課程答申」という)は、「学士課程教育の構築」という課題を全国の大学に突き付けた。中央教育審議会答申「我が国の高等教育の将来像」(2005 (平成17) 年1月28日)(以下、「将来像答申」という)に基づく昨今の大学改革の流れの中で、上記の大学院答申が大学院教育の実質化を目指すものであるのに対し、「学士課程答申」は、旧来の「学部教育」を「学士課程教育」へと転換しようとするものであり、そのいずれもが教育のシステム化を志向したものと言える。つまり、ルースに編成された大学教育・大学院教育をよりタイトに構造化しようとするものである。

　大学という存在は、学生・教員・職員等のアクター（行為主体）がそれぞれの目的を持ち、学内外から提供されるインセンティブに反応しながら活動していくことによって、教育・研究や管理運営等が形成されていく「システム」、ないし緩やかな編成原理に基づく「組織」である。組織論研究者として著名なカール・E. ワイク (Weick 1976) が緩やかな組織編成原理をルース・カップリングとして提唱した際、教育機関を分析対象としたことは象徴的である。同時に、大学は、内部に学部等が割拠する剛構造の小組織の集まりでもある。

　社会の人材需要や学生の教育ニーズ等に柔軟に感応して教育プログラムを新設したり再編成したりするには、様々な学問分野の教員が協働して組織的な教育活動を行う、もう少しタイトかつ柔構造のシステムへと大学が自己変革を図る必要があるが、これに対しては、緩やかな編成原理に慣れた教員個々人も、剛構造の組織としての自律性を守りたい学部・研究科等もともに抵抗することになりやすい。

　将来像答申が「現在、大学は学部・学科や研究科といった組織に着目した整理がなされている。今後は、教育の充実の観点から、学部・大学院を通じて、学士・修士・博士・専門職学位といった学位を与える課程 (プログラム) 中心の考え方に再整理していく必要があると考えられる」と指摘した背景に

は、上述のような大学の組織編成原理の問題がある。また、将来像答申のこの指摘をふまえているとする学士課程答申が、「学部・学科等の縦割りの教学経営が、ともすれば学生本位の教育活動の展開を妨げている実態を是正することが強く求められる」と要求する背景でもある。

　学士課程答申は、将来像答申が言及した「ディプロマ・ポリシー」「カリキュラム・ポリシー」「アドミッション・ポリシー」に対応する「学位授与の方針」「教育課程編成・実施の方針」「入学者受入れの方針」の3つの方針を明確にして示すことが、改革の実行に当たり最も重要であるとしている。3つの方針について、具体的には、「大学全体や学部・学科等の教育研究上の目的、学位授与の方針を定め、それを学内外に対して積極的に公開する」「学習成果や教育研究上の目的を明確化した上で、その達成に向け、順次性のある体系的な教育課程を編成する（教育課程の体系化・構造化）」「大学と受験生とのマッチングの観点から、入学者受入れの方針を明確化する」としている。大学院答申が「各大学院の課程の目的を明確化した上で、これに沿って、学位授与へと導く体系的な教育プログラムを編成・実践し、そのプロセスの管理及び透明化を徹底する方向で、大学院教育の実質化（教育の課程の組織的展開の強化）を図る」としたのと基本的な方向性を共有している。

　筆者は、すでに2005（平成17）年3月の時点で、全学的な教育システム開発の課題は、「明確な人材養成目標に基づき、一貫性・統合性を備えたカリキュラム・教授法・評価法による魅力ある教育プログラム、そうしたプログラムにふさわしい入学者の資質の確保、確かな教育成果に基づくキャリア支援の組合せによる、いわば入口・過程・出口一貫モデルによる学士課程教育の再構築である」（大森2005）と述べた。さらに、2007（平成19）年3月には、「教育の質は、学生が卒業・修了時に身に付けているべき能力を中核に据え、教育の目標・プロセス・成果のすべてがそこに志向する形で組み立てられた総体としての教育プログラムによってこそ保証される。それは、個々の授業担当教員の持ち味を活かしながらも、必然的に組織的な営みを必要とする。すなわち、教育プログラムは、人材養成目的・カリキュラム・教授法等を『見える化』するための組織的な質保証の取組を必要とする」（大森2007）と敷衍した。

筆者が提唱する、戦略経営と質保証の統合による教育プログラム論、教育マネジメント論は、ID 理論とは独立に着想され、その後、ID 理論の影響も受けながら、IM 理論として展開されてきた。両者が相似的であると分かり、ID の有用性を理解したからである。学士課程答申は、こうした筆者の問題意識に沿ったもののように見える。すなわち、同答申の学士課程教育の構築の考え方は、IM および ID の両理論と相似性を有するように思われる。

2　教授システム学の視点から見た学士課程教育に関する課題
①学士課程教育の構築主体は大学か学部・学科等か

しかし、教授システム学的視点から見ると、同答申には腑に落ちない点もある。そしてそれは、同答申と大学院答申との間に見られる微妙な考え方の違いに関連する。

大学院答申においては、「各大学院において教育の課程(博士課程・修士課程・専門職学位課程)を編成する基本となる組織である専攻単位で、自らの課程の目的について焦点を明確にすることと、当該課程を担当する教員等により体系的な教育プログラムを編成・実践し、学位授与へと導くプロセスの管理および透明化を徹底していく」ことを基本的な考え方としていた。すなわち、人材養成目的を焦点化できる、専攻単位での教育プログラム編成の考え方を鮮明にしている。様々な分野を包含した研究科等の大組織単位では、人材養成目的はあいまい化し、単なる美辞麗句と化しやすいからである。

これに対し、学士課程答申においては、教育目的の設定および教育課程の編成並びに入学者受け入れ方針の主体、すなわち、3つのポリシーの主体がどこにあるのか、大学全体なのかそれとも学部・学科等なのか、あいまいである。「学位授与の方針」については、「大学全体や学部・学科等の教育研究上の目的、学位授与の方針を定め、それを学内外に対して積極的に公開する」とし、「大学全体」と「学部・学科等」の両方を挙げている。また、「入学者受入れの方針」については、「大学と受験生とのマッチングの観点から、入学者受入れの方針を明確化する」としており、大学全体とのマッチングとも受け止められる表現となっている。「教育課程編成・実施の方針」については、「学

習成果や教育研究上の目的を明確化した上で、その達成に向け、順次性のある体系的な教育課程を編成する（教育課程の体系化・構造化）」とする一方、「幅広い学修を保証するための、意図的・組織的な取組を行う」とする中で、「例えば、多様な学問分野の俯瞰を目的とする教育課程の工夫や、主専攻・副専攻制の導入等を積極的に推進する。また、入学時から学生が学科に配置され、専ら細分化された専門教育を受ける仕組みについては、当該大学の実情に応じて見直しを検討する」としている。

「学士課程共通の学習成果に関する参考指針」としての「学士力」が同答申にまつわる最大のトピックとなっていることに加え、「学部・学科等の縦割りの教学経営が、ともすれば学生本位の教育活動の展開を妨げている実態を是正することが強く求められる」との基本認識の表明など、概して専門教育を中心とした学士課程教育の現状に否定的と受け止められる表現が目立つ。将来像答申においては、「学士課程は、『21世紀型市民』の育成・充実を目的としつつ、教養教育と専門基礎教育を中心に主専攻・副専攻を組み合わせた『総合的教養教育型』や『専門教育完成型』など、様々な個性・特色を持つものに分化し、多様で質の高い教育を展開することが期待される」として、「総合的教養教育型」と「専門教育完成型」が並列され、力点は大学ごと（あるいは分野ごと）の個性・多様性に置かれていた。これに対し、学士課程答申は、「学士課程教育に関しては、諸答申において、教養教育と専門基礎教育とを中心とするという考え方が謳われて」いるとし、力点を移している。

世界的にみれば少数派である、アメリカのリベラルアーツカレッジ型の学士課程教育の理念が、批判的吟味を経ないまま学士課程答申の基調をなしている。そうした感があることは否めない。専門教育重視の学部・学科等でタコ壺化した日本の大学の多くの現状は、決して褒められたものではないが、そうした現状とあまりにかけ離れた政策が、結局、各大学による表面的な規則改正その他の作文レベルの対策によって、上滑りに終わらないか、懸念されるところである。様々な調査結果において、教養教育が専門教育に比べて学生の評価が高いとは言えないことが示されている点にも、留意が必要である。

筆者個人の見解としては、むしろ学部・学科等の個別具体的な教育プログラムごとに、専門的な知識技能の習得と結び付いた人材養成目的（大学院ほど焦点化されないのは当然としても、ある程度特定された人材養成目的は必要）に沿って、学士力として謳われているような汎用性のある基礎的な能力の涵養を、カリキュラムや教授法の中に意図的に「組み込む」ことが望ましいと考えている。この小論では詳述できないが、この考え方は、イギリスの高等教育界におけるエンプロイアビリティ（雇用につながる能力）の育成のための全国的・組織的な取り組みで採られている方向性に近い。換言すれば、大学経営陣や大学教育研究センター等による全学的な取り組みだけでは不十分であって、全学的な取り組みと連携した形での、学部・学科等の教育単位ごとの主体的な取り組みをも誘発する改革を、目指すべきということになる。

②構築の方法論は

また、「我が国の学士課程教育が共通して目指す学習成果」としての学士力に関し、答申が述べるように「その実現や評価の手法は多様であるべきであり、各大学の自主性・自律性が尊重されなければならない」としても、実現の方法論の参考になるものを示していないのは、各大学にこれだけの大転換（専門教育重視の組織風土や教育実践からの大転換）を迫る上では不十分ないし不親切との感は否めない。今後の調査研究や政策展開に委ねたのであろう。この点、英国のエンプロイアビリティへの取り組みにおいては、育成の方法論が関連研究の成果とともに、豊富に参考情報として供されている。

③教養教育と専門教育の分断構造

研究および専門教育をアイデンティティの中核とする多くの大学教員にとって、教養教育は授業「負担」とみなされがちで、学部専門教育と大学院教育の連続性は、教養教育と学部専門教育の連続性よりもはるかに強いものとして意識されている。これに対して、旧教養部出身の教員や教養教育に熱心に取り組む一部の教員は、こうした同僚の認識を教養教育軽視として嘆かわしく感じる。単純化するとこうした図式が、日本全国の大学で見られる。

これはおかしな話である。本来、教養教育と学部専門教育は、学士課程教育の構成要素にすぎないはずである。いちばん大切なのは、教養教育でも学部専門教育でもなく、総体としての学士課程教育である。

学士課程教育の構築に当たって、大きな壁として立ちはだかるのが教養教育と専門教育の分断構造である。学士課程教育の主体的なカリキュラム設計・改善システムを構築するためには、そのための責任主体の確立が必要である。ところが現状では、教養教育の実施責任は全学的な委員会等のバーチャルな組織、専門教育の責任は各学部が担っている大学が多く、それぞれの努力により教育改善が行われてきているものの、トータル4年間（6年間）の教育課程全体の体系性や成果に責任を持つ主体がないと言っても過言ではない。

日本の大学教育は、就職協定の廃止後の就職活動の早期化によって、実質2年半の間にどのような付加価値を学生に身に付けさせることができるかどうかが勝負、という現状に置かれてしまっている。この現状自体は、肯定すべきものではなく、是正すべきものであることは言うまでもない。しかし、現状において学生の卒業後の進路に責任を持って教育に当たる立場からは、就職活動の時期、すなわち学士課程教育の完成前においても一定の教育成果を上げることは必要である。仮に就職活動の時期が正常化されたとしても、人材養成目的に沿った知識・技能・資質等を身に付ける体系性・一貫性を確保しようとすれば、教養・専門分断構造を抱え込むゆとりはない。

学士課程答申が教養・専門分断構造について、ほとんど何も語っていないのは奇異である。「各大学において、その実情に応じて、基礎教育や共通教育の望ましい実施・責任体制について、改めて真剣に議論し、適切な対応を取っていく必要がある」とする一方、「教養教育や専門教育などの科目区分にこだわるのではなく、一貫した学士課程教育として組織的に取り組む」とも述べている。各大学の自律性・自主性に委ねるということなのであろう。

3　IMによる学士課程教育の構築

以下、IMが「学士課程教育の構築」の有効な方法論となり得ることを論じ、IMの効果的な活用法を提示する。

学士課程答申は、我が国の学士課程教育が分野横断的に共通して目指す学習成果に関する参考指針、すなわち「学士力」の構成要素として、「知識・理解」「汎用的技能」「態度・志向性」「統合的な学習経験と創造的思考力」の4領域に大別した上で、13項目を「……できる」と表現する「Can-do リスト」の形で列挙している。これら4領域が現実のカリキュラムにどう反映され、構造化され得るのか、正直なところ、分かりやすいとは言えない。同答申が言わんとする学士課程教育の学習成果については、様々な分類・構造化が可能なはずであり、答申通りでなければならないと硬直的に考えるべきではない。

学士課程教育による学習成果（知識、技能、態度等を含む広義の能力）について、現実のカリキュラムへの反映の仕方を考慮に入れた構造化の1試案として、下表を例示したい。**表8-1**の構造を見れば、近年重要性が指摘されるようになった「コンピテンシー的要素」は、多くの大学にとって対応を迫られる新たな学習成果（能力）の要素である、ということが一目瞭然となる。また、ここでは教養的要素の一部として挙げておいた論理的思考力や概念化能

表8-1 学士課程教育による学習成果の構造

学習成果の大区分	学習成果の詳細項目	カリキュラムへの反映に関する論点
専門的要素	専門分野における学術的知識・技能や学問的方法論の基礎・根幹等	専門科目および専門基礎科目。社会や学生のニーズに適合しているか？専門分野をとりまく幅広いコンテクストの中で、社会や学生自身にとっての意義・有用性が理解され、身に付いているか？
教養的要素	読解力、数的処理能力、論理的思考力や概念的能力、文化・社会・自然・生命に関する理解等。すなわち、認知的側面が中心となる学習成果のうち、専門的要素以外のもの。	専門教育から切り離された従来型の教養教育の中で涵養されるのか？
特定スキル的要素	外国語運用能力、IT スキルなど	外国語科目、情報教育科目等
コンピテンシー的要素	対人関係能力、コミュニケーション能力、自律力、適応力、課題設定・解決能力、市民性・公共心や社会参加意欲、キャリア開発能力、自己学習能力等。すなわち、情意的および行動性向的な側面が重要な学習成果。	従来の教養科目・専門科目等の中にこうした能力の涵養を組み込めるか？ キャリア教育科目に加え、産学連携、地域連携、国際連携など、学外との連携協力による授業科目を特設し、PBL 等の教育手法も活用しながら、コンピテンシーを育成する場として位置づけるべきか？

力は、コンピテンシー的要素と同様、現実には教養教育においても専門教育においても十分に培われているとは言い難い。

　IMの視点からすれば、表8-1のような構造化された教育成果を実現していくためには、これらの能力要素の涵養をカリキュラムや教授法に意図的に組み込んでいく体系的・組織的な取り組みが必要となる。本来、教養教育と学部専門教育は、学士課程教育の構成要素にすぎないはずなのに、学部専門教育と大学院教育の連続性の方が教養教育と学部専門教育の連続性よりもはるかに強いものとして意識されている現状は、明らかにおかしい。教養教育の実施責任は全学的な委員会等のバーチャルな組織、専門教育の責任は各学部が担っている大学が多いが、これではトータル4年間(6年間)の教育課程全体の体系性や成果に責任を持つ主体がないと言っても過言ではない。全体として、教養教育と専門教育の分断構造が、学士課程教育の構築に当たっての壁として立ちはだかっていることが示唆される。

　IM的考え方に基づき、人材養成目的に即して、どのような能力を形成すべく、どのような内容・方法の教育を行うか、という論理的に首尾一貫した学士課程教育プログラムを構築するためには、プログラム全体の設計・改善システムの責任主体を明確にすることが必要である。逆に、教養教育が大切だからという理屈で、ミニ教養部の復活といった形で教養と専門の寄木細工を固定化する動きもあるが、学士課程カリキュラムの統合性を放棄するようなものであり、筆者には理解し難い。

　筆者個人の見解としては、単科大学を除く多くの大学の場合、こうした責任主体となり得るのは、大学全体ではなく、人材養成目的を明確化できる学部(場合によっては学科)等の組織単位であろう。これに対し、大学教育研究センター等を含む全学側は、支援・協力する立場という姿が望ましい。単独の学部では提供し得ない授業科目を提供しあうギブアンドテイクの仕組みは必要であるが(それを教養教育あるいは全学共通教育などと呼ぶかどうかは、本質的問題ではない)、まずはカリキュラム全体を設計したり見直したりする主体の確立が不可欠である。ただし、逆説的ではあるが、そうした教育システムを構築する変革過程においては、全学側のイニシアチブが重要となろう。

4 学士課程教育の構築のための組織体制について

　全学的な改革へのイニシアチブを確保するとともに、学部（場合によっては学科）等の組織単位ごとの具体的な学士課程カリキュラムを構築するため、いかなる組織体制が必要となるか。それは、各大学の規模、使命・目的、歴史・伝統、内外の環境条件等により、様々であろう。どのような組織体制を採るにせよ、明確な責任体制の下に学士課程一貫教育を実現するため、全学的な協力体制に支えられた各学部等の責任において、人材養成目的に沿った体系的教育課程を編成・実施する体制を構築することが要件となる。すなわち、「全学的な協力」と「学部等の責任」がキーとなろう。

　どのような入学者を期待し、入学してきた学生に対し、どのような知識・能力やものの見方・考え方を身に付けさせたいか、そのために必要な教育内容・方法について、教養教育・専門教育の壁を超えた学士課程教育全体の視点から、主体的に考え続け、実現させ、改善していく仕組みの構築が必要である。社会の変化、学問の進歩、学内環境の変化などにも、柔軟に対応していくことのできる体制が望まれる。すなわち、教養教育・専門教育を含む学士課程教育全体について、主体的にカリキュラムを設計し、随時検証・改善を行っていく、そうしたカリキュラム設計・改善システムを構築する必要がある。

　あえて組織論に踏み込めば、役員等の経営陣やライン・マネージャーによるトップダウンの意思決定が可能な一部大学を別とすれば、おそらく多くの大学において、学長または教育担当副学長等を議長とする、学士課程教育の改革推進のための何らかの会議体を設置することが有効であろう。これにより、開講科目の調整等を含む全学的な協力体制を確保するとともに、新たな学士課程教育の理念やしくみを共有し、新体制へ機動的かつ円滑に移行するための推進エンジンの役割を担う。当該会議体について、学長等の指名により人選されたプロジェクトチーム型が適当か、学部等の代表による全学委員会型が適当か、それは組織文化等によるので一概には言えない。組織文化そのものを変革すべき場合も多いが、一夜にして変わるわけではないので、抜本改革への展望とともに、せいては事を仕損ずることにも留意しなければな

らない。

また、学部等の組織単位ごとに、学部長または副学部長等を委員長とする、学士課程教育の具体的構築のための何らかの委員会組織、もしくはプロジェクトチーム等が必要となろう。教務委員会等の既存組織が担うこともあるいは可能かもしれないが、ルーチン業務の処理や日常的な教務運営とは異なる視点から、メンバー構成を検討する必要がある。学士課程全体の人材養成目的に沿って新たな体系的カリキュラムを編成するという改革に関し、学部等において中心的役割を担うからである。

大学教育研究センター等の支援組織は、全学および学部等に対し、必要な知見の提供や研究開発を行うことが期待される。

5節　おわりに

本章は、評価の目的や対象があいまいなまま、「形式」要件の視点から外部質保証を図る大学評価の現状を批判的に分析した後、「内容」に焦点を当てて内部質保証を図る IM および ID の両理論を紹介した。そして、教授システム学を構成する両理論が大学教育・大学院教育の改革の方向性と相似性を有しており、大学院教育の実質化および学士課程教育の構築など、高等教育における教育プログラム開発に有益な示唆を与えることを論じてきた。

筆者の勤務校における実際の取り組みのコンテクストにおいて解説することにより、その実践性をも看取していただけたとすれば幸いである。社会や学生にとって望ましい方向で高等教育の質保証への取り組みが進むための一助として、両理論が少しでも多くの関係者の目にとまることを願うものである。

文献

Dick, Walter, Carey, Lou and Carey, James O., 2001, *The Systematic Design of Instruction* (5th Ed.), Boston: Allyn & Bacon. W. ディック，L. ケアリー，J.O. ケアリー，2004,『はじめてのインストラクショナルデザイン』角行之監訳，ピアソン・エデュケー

ション.

Gagne, Robert M., Wager, Walter W., Golas, Katharine C. and Keller, John M., 2005, *Principles of Instructional Design* (5th Ed.), Wadsworth. R.M. ガニェ，W.W. ウェイジャー，K.C. ゴラス，J.M. ケラー，2007,『インストラクショナルデザインの原理』鈴木克明・岩崎信監訳，北大路書房.

Ohmori, F., 2007, "Benchmarking Organizational Strategies in E-Learning: An antithesis to bureaucratic models of quality assurance", Paper presented at *8th International Conference on Information Technology Based Higher Education and Training (ITHET2007)*, July 10-13, Kumamoto, Japan, pp. 616-622 of the Proceedings.

Weick, Karl E., 1976, "Educational Organizations as Loosely Coupled Systems", *Administrative Science Quarterly*, Vol.21, pp.1-19.

大森不二雄, 2005,「全学教育システムの開発に関する試論」熊本大学大学教育機能開発総合研究センター『大学教育年報』第8号, pp. 27-37.

―――, 2006,「高等教育の質の向上と評価をめぐって―ファンダメンタルな課題の提示」日本教育行政学会編『第13回日韓教育行政学会共同セミナー：高等教育の質の向上と評価』, pp. 118-121.

―――, 2007,「知識社会に対応した大学・大学院教育プログラムの開発―学術知・実践知融合によるエンプロイアビリティー育成の可能性」熊本大学大学教育機能開発総合研究センター『大学教育年報』第10号, pp. 5-43.

大森不二雄編著, 2008,『IT時代の教育プロ養成戦略―日本初のeラーニング専門家養成ネット大学院の挑戦』東信堂.

熊本大学大学院社会文化科学研究科教授システム学専攻ホームページ, http://www.gsis.kumamoto-u.ac.jp/（2009年2月11日閲覧）

鈴木克明, 2002,『教材設計マニュアル』北大路書房.

大学評価・学位授与機構, 2008,『大学評価基準(機関別認証評価)』(平成16年10月(平成20年2月改訂)) http://www.niad.ac.jp/ICSFiles/afieldfile/2008/05/15/no6_1_1_daigakukijun21.pdf（2009年2月11日閲覧）

中央教育審議会, 2005a,『我が国の高等教育の将来像（答申）』(平成17年1月28日) http://www.mext.go.jp/b_menu/shingi/chukyo/chukyo0/toushin/05013101.htm（2009年2月10日閲覧）

―――, 2005b,『新時代の大学院教育（答申）』(平成17年9月5日) http://www.mext.go.jp/b_menu/shingi/chukyo/chukyo0/toushin/05090501.htm（2009年2月11日閲覧）

―――, 2008,『学士課程教育の構築に向けて（答申）』(平成20年12月24日) http://www.mext.go.jp/b_menu/shingi/chukyo/chukyo0/toushin/1217067.htm（2009年2月11日閲覧）

執筆者紹介（執筆順、◎印は編者）

			執筆章
◎西村 和雄	京都大学名誉教授、京都大学経済研究所 特任教授		1
子安 増生	京都大学大学院教育学研究科 教授		2
諸田 裕子	元東京大学大学院教育学研究科 元産学官連携研究員		3
橋本 昭彦	国立教育政策研究所 教育政策・評価研究部 総括研究官		4
◎木村 拓也	長崎大学アドミッションセンター 准教授		5
野口 裕之	名古屋大学大学院教育発達科学研究科教授		6
◎倉元 直樹	東北大学高等教育開発推進センター 准教授		6
熊谷 龍一	新潟大学全学教育機構 准教授		7
◎大森不二雄	熊本大学大学教育機能開発総合研究センター 教授		8

■シリーズ 日本の教育を問いなおす 2

混迷する評価の時代──教育評価を根底から問う

2010年10月30日　初　版第1刷発行　　　　　　〔検印省略〕

定価はカバーに表示してあります。

編者Ⓒ西村和雄・大森不二雄・倉元直樹・木村拓也／発行者　下田勝司　　印刷・製本／中央精版印刷

東京都文京区向丘1-20-6　郵便振替00110-6-37828

〒113-0023　TEL (03) 3818-5521　FAX (03) 3818-5514

発　行　所　株式会社 東信堂

Published by TOSHINDO PUBLISHING CO., LTD.
1-20-6, Mukougaoka, Bunkyo-ku, Tokyo, 113-0023 Japan
E-mail : tk203444@fsinet.or.jp　http://www.toshindo-pub.com

ISBN978-4-7989-0011-7　C3037
Ⓒ Kazuo Nishimura, Fujio Ohmori, Naoki Kuramoto, Takuya Kimura

東信堂

書名	副題	著者	価格
グローバルな学びへ	―協同と刷新の教育	田中智志編著	二〇〇〇円
教育の共生体へ	―ボディエデュケーショナルの思想圏	田中智志編	二五〇〇円
人格形成概念の誕生	―近代アメリカの教育概念史	田中智志	三六〇〇円
社会性概念の構築	―アメリカ進歩主義教育の概念史	田中智志	三八〇〇円
教育の自治・分権と学校法制		結城忠	四六〇〇円
ミッション・スクールと戦争	―立教学院のディレンマ	前田一男編	五八〇〇円
教育の平等と正義		大桃敏行・中村雅子・後藤武俊訳	三三〇〇円
教育制度の価値と構造		Ｋ・ハウ著	三二〇〇円
学校改革抗争の100年	―20世紀アメリカ教育史	Ｄ・ラヴィッチ著 末藤・宮本・佐藤訳	六四〇〇円
国際社会への日本教育の新次元		井上正志	四二〇〇円
ヨーロッパ近代教育の葛藤	―今、知らねばならないこと	関根秀和編	一二〇〇円
多元的宗教教育の成立過程	―地球社会の求める教育システムへ	太田美保子編	三三〇〇円
教育的思考のトレーニング	―アメリカ教育と成瀬仁蔵の「帰一」の教育	大森秀子	三六〇〇円
いま親にいちばん必要なこと	―「わからせる」より「わかる」こと	相馬伸一	二六〇〇円
NPOの公共性と生涯学習のガバナンス		春日耕夫	二六〇〇円
教育と不平等の社会理論	―再生産論をこえて	高橋満	二八〇〇円
オフィシャル・ノレッジ批判	―保守復権の時代における民主主義教育	小内透	二四〇〇円
混迷する評価の時代	―教育評価を根底から問う	野崎・井口・M・W・アップル著 小暮・池田監訳	三八〇〇円
拡大する社会格差に挑む教育		西村和雄・大森不二雄編 倉元直樹・木村拓也編	二四〇〇円
地上の迷宮と心の楽園	〈コメニウス・セレクション〉	倉元直樹・西村和雄・大森不二雄編	二四〇〇円
新版 昭和教育史	―天皇制と教育の史的展開	Ｊ・コメニウス著 藤田輝夫訳	三六〇〇円
〈現代日本の教育社会構造〉（全4巻）		久保義三	一八〇〇円
〈第1巻〉教育社会史	―日本とイタリアと	小林甫	七八〇〇円

〒113-0023　東京都文京区向丘1-20-6
TEL 03-3818-5521　FAX 03-3818-5514　振替 00110-6-37828
Email tk203444@fsinet.or.jp　URL:http://www.toshindo-pub.com/

※定価：表示価格（本体）＋税

東信堂

〈未来を拓く人文・社会科学シリーズ〉〈全17冊・別巻2〉

科学技術ガバナンス	城山英明 編	一八〇〇円
ボトムアップな人間関係——心理・教育・福祉・環境・社会の12の現場から	サトウタツヤ 編	一六〇〇円
高齢社会を生きる——老いる人／看取るシステム	清水哲郎 編	一八〇〇円
家族のデザイン	小長谷有紀 編	一八〇〇円
水をめぐるガバナンス——日本、アジア、中東、ヨーロッパの現場から	蔵治光一郎 編	一八〇〇円
生活者がつくる市場社会	久米郁夫 編	一八〇〇円
グローバル・ガバナンスの最前線——現在と過去のあいだ	遠藤乾 編	二二〇〇円
資源を見る眼——現場からの分配論	佐藤仁 編	二〇〇〇円
これからの教養教育——「カタ」の効用	鈴木佳秀 編	二〇〇〇円
「対テロ戦争」の時代の平和構築——過去からの視点、未来への展望	黒木英充 編	一八〇〇円
企業の錯誤／教育の迷走——人材育成の「失われた一〇年」	青島矢一 編	一八〇〇円
日本文化の空間学	桑子敏雄 編	二二〇〇円
千年持続学の構築	木村武史 編	一八〇〇円
多元的共生を求めて——〈市民の社会〉をつくる	宇田川妙子 編	一八〇〇円
芸術は何を超えていくのか？	沼野充義 編	一八〇〇円
芸術の生まれる場	木下直之 編	二〇〇〇円
文学・芸術は何のためにあるのか？	吉岡洋 編	二〇〇〇円
紛争現場からの平和構築——国際刑事司法の役割と課題	城山英明・遠藤乾 編	二八〇〇円
〈境界〉の今を生きる	荒川歩・川喜田敦子・谷川竜一・内藤順子・柴田晃芳 編	一八〇〇円
日本の未来社会——エネルギー・環境と技術・政策	角和昌浩・鈴木達治郎・城山英明 編	二三〇〇円

〒113-0023 東京都文京区向丘1-20-6
TEL 03-3818-5521 FAX03-3818-5514 振替 00110-6-37828
Email tk203444@fsinet.or.jp URL:http://www.toshindo-pub.com/

※定価：表示価格（本体）＋税

東信堂

転換期を読み解く——潮木守一時評・書評集	潮木守一	二六〇〇円
大学再生への具体像	潮木守一	二五〇〇円
フンボルト理念の終焉？——現代大学の新次元	潮木守一	二五〇〇円
いくつかの響きを聞きながら——横須賀そしてベルリン	潮木守一	二四〇〇円
国立大学・法人化の行方——自立と格差のはざまで	天野郁夫	三六〇〇円
大学の責務 立川明・坂本辰朗・D・ケネディ著／井上比呂子訳		三八〇〇円
私立大学マネジメント ㈳私立大学連盟編	市川太一	四七〇〇円
30年後を展望する中規模大学——マネジメント・学習支援・連携	市川太一	二五〇〇円
もうひとつの教養教育——職員による教育プログラムの開発	近森節子編著	二三〇〇円
政策立案の「技法」——職員による大学行政政策論議	伊藤昇編著	二五〇〇円
大学の管理運営改革——日本の行方と諸外国の動向	江原武一編著	三六〇〇円
教員養成学の誕生——弘前大学教育学部の挑戦	福島裕敏・遠藤孝夫編著	三二〇〇円
改めて「大学制度とは何か」を問う	舘昭	一〇〇〇円
原点に立ち返っての大学改革	舘昭	三二〇〇円
戦後日本産業界の大学教育要求——経済団体の教育言説と現代の教養論	飯吉弘子著	五四〇〇円
現代アメリカの教育アセスメント行政の展開——マサチューセッツ州（MCASテスト）を中心に	北野秋男編	四八〇〇円
アメリカの現代教育改革——スタンダードとアカウンタビリティの光と影	松尾知明	二七〇〇円
現代アメリカのコミュニティ・カレッジ——その実像と変革の軌跡	宇佐見忠雄	二三八一円
アメリカ連邦政府による大学生経済支援政策	犬塚典子	三八〇〇円
戦後オーストラリアの高等教育改革研究	杉本和弘	五八〇〇円
大学教育とジェンダー——ジェンダーはアメリカの大学をどう変革したか	ホーン川嶋瑤子	三六〇〇円
〈講座「21世紀の大学・高等教育を考える」〉		
大学改革の現在〔第1巻〕	有本章編著	三三〇〇円
大学評価の展開〔第2巻〕	山野井敦徳・清水一彦編著	三三〇〇円
学士課程教育の改革〔第3巻〕	絹川正吉・舘昭編著	三〇〇〇円
大学院の改革〔第4巻〕	江原武一・馬越徹編著	三三〇〇円

〒113-0023 東京都文京区向丘1-20-6
TEL 03-3818-5521 FAX 03-3818-5514 振替 00110-6-37828
Email tk203444@fsinet.or.jp URL:http://www.toshindo-pub.com/

※定価：表示価格（本体）＋税